화냥년

안평옥 長篇敍事詩

화냥년

도서
출판 계간문예

머리글

우리가 무의식중에 내뱉는 화냥년, 그 어원을 찾아
헤매기 어언 강산이 한 번 변하고 또 한 번
변하는 시절에 되돌아본 우리의 지난날
어느 때는 소용돌이로 굽이쳤는가 하면
맑게 갠 화창한 날씨에 울리는 풍년가 가락 같은
태평세월이 있었고
때로는 순리를 거부한 엄청난 몸짓이
흐름의 물길을 바꾸어놓는 역사를
선인들은 예부터 돌 또는 청동에 새기거나
종이에 기록으로 남겨 후세에 알리기도 했지만
口傳하는 說話도 적지 않다.
오천 년을 이어온 韓民族의 역사 중
어느 것 못지않게 욕된 일 중의 하나인 임진왜란과
병자호란을 오늘에 재조명해 본다.
언제나처럼 느낄 수 없는 만족감 아쉬움
후회 등이 붓 놓으려는 손길 가로막지만
더는 나아갈 수 없는 자괴감에 빠져드는 아픔을

가을 풀벌레가 밤새워 소리하나 보다.
줄거리를 엮어나가면서 가장 컸던 고뇌는 흥미 위주의 허구성을 어느 정도까지 하여야 하며 지루한 역사적 사실 자체를 어떻게 하느냐 하는 것이었으나 역사를 왜곡하거나 웃음거리로 만들기보다는 사실에 근거함을 원칙으로 하고 그에 가깝도록 노력하면서 누구나 쉽게 접하고 이해하기에 어려움이 없도록 한다고는 했지만 그건 아마도 나의 변명일 것이다.
병자년(1636년)은 미국에 하버드 대학이 설립된 해요 새로움을 꿈꾸던 소현세자가 아홉 구멍으로 피를 토한 시신이 진흑盡黑으로 변하여 저승으로 간 乙酉年(1645년)은 일본의 명치유신보다 200년 앞섰었다는 것을 곱씹어보면서
어둠이 더욱 짙어짐은 밝은 햇살 내일에 풀어놓으려는 의지 때문이라고 스스로를 자위하고 끝맺는 변으로 하면서 작자 미상의 허생전을 참고하고 각색하였음을 부언한다,

저자 씀

■ 차례

도움말

1592년의 임진왜란 때 죽거나 상처입은 인명에 대한 구체적인 자료의 제시는 어디에도 없다. 요즈음의 표현으로 행정부재로 자기네 당파의 자리다툼만 일삼던 중앙 조정 관료들의 행태에서 백성을 위한 정치가 과연 있었는가 하는 의구심이 드는 것은 나만의 생각이 아니리라 믿는다.
44년이 지난 병자호란 때에는 두 달 동안에 50만(일설에는 60만)의 조선인 포로가 중국으로 끌려갔는데 그 중의 남자는 고작 10만이었다고 한다.
도망치거나 몸값(贖錢)을 지불하고 돌아오면 화냥년(還鄕女가 후에 어음 변화)이라고 시가나 친정에서 받아주지 않아 스스로 목숨을 끊거나 먹고 살기 위한 방편으로 막된 일에 몸을 파는 일까지 있었다고 한다.

제 1부

바람

비가 내리기 전에는 바람이 분다. 잔잔한 바람에 큰 바람, 나무를 뿌리째 뽑아버리는 강한 바람이 불 때도 있다. 연세 드신 어른들은 오랜 세상을 살아오시느라 육감으로 곧잘 느끼시며 “아이고 비가 오려나 보다.”고 팔다리의 관절 마디를 손으로 두드리곤 하시다가 바람에 흔들리는 빨래며 멍석 위의 곡식을 거둬들이기도 하셨다. 큰 일이 있을 때마다 이렇듯 자연은 우리에게 미리 알려주지만 부질없는 옥생각으로 제대로 깨닫지 못하고 대처를 소홀히하기 일쑤였다.

바람의 새끼들

1

꽹과리채로 두들기면 깽깽 꽤갱 깽 소리
금방이라도 울릴 것 같은
울로 둘러친 흙담 위
용마름의 지푸라기 끝자락에
탱글탱글 영근 봄볕의 햇살 아래

맑은 물이 여리게 내리는 개울가에는
파랗게 눈뜬 이끼며
다랑 배미 논밭 여기저기

하나둘 늘어나는 두엄 무더기 위쪽에
고깔 하얗게 쓰고
갑사 저고리 걸친 것 같은 멸악산맥의 주봉主峰
멸악산
마치 해원 굿 하려는 무녀와 같고

한쪽 팔이
오봉산 언진산에 머무나 했는데
성에 차지 않았나 보다
멀리 백두대간 줄기인 두류산에 오르고는
다른 쪽 팔 하나는
운봉산 수양산의 가파른 내리막길 아래
불타산 지나 빠져드는 장산곶
황해를 가로질러
중국의 산동성 휘감아
장강長江 거슬러 오르고 있는데

널따란 연백평야 이루며

황해도와 평안도의 남부를 풍요롭게 하는
대동강 임진강 예성강 사이
길이 300리 길,
비록 짧은 거리의 경계지만
남南과 북北
식생植生과 기후 등이 완연히 달랐으니

급경사인 남쪽 기슭은 비에 잘 자라는
감나무 밤나무가 자생하고
북쪽 산기슭은 조 콩의 잡곡을 가꾸며
구리 철 등 광물
채굴이 예로부터 있었던 자리라서
오가는 이들의 발길이 끊이지 않는 곳으로

무장武將 최충헌이 임금 명종明宗을 폐한
고려 신종神宗 원년
戊午年(1198년)의 오월 어느 날
하늘과 땅 사이가 거센 빗줄기로 꽉 찬 그날

격양가 있는 대동세상 꿈꾸면서

'아니다, 천하의 주인은 따로 있는 것이 아니다' 는

노예 만적의 외침은
'이 땅에 최충헌 나 하나면 족해
어느 시러베아들 놈이든
시건방진 짓해서는 아니 되지' 하는 소리에
마파람 앞에 구린내 흩어지듯 사그라지는 순간

죽고 싶소, 같이 따라 죽고 싶다, 고
어린것 등에 업고 울부짖는
강 건너 산, 큰 나무에 매달린 제 아낙에게

기다려 기다려야 혀
왕후장상의 씨가 따로 있는 것이 아니니
우리처럼 천하디천한 것들도
부부가 이마 맞대고 밥 벌어 제 새끼 먹이는

그런 날을 당신은 오래 살아서 보아야 되는 거여
라고 답하는 흐느낌마저
우르릉 꽝하는 천둥소리에 묻혀가면서

다듬잇돌 등에 지고 만적이 깊숙이 잠든
시린 예성강 물줄기 옆
널따란 연백평야 수많은 모포기가
그때의 일 일깨우는 모습을 모르는 척 내려다보는
논 가운데 벌거벗은 허수아비 저쪽
어미닭이 날갯죽지에 병아리 품듯 산 아래
삼십여 호 초가들이 다정스레
맞댄 이마와 이마에
오랜만에 찾아온 마파람의
봄이 오고 있다는 속삭임이 정겨워서일까

우수雨水가 자리한 마을 앞 넓은 공터
밝게 웃는 마알간 하늘과 해
겨우내 얼부푼 자리 환히 밝혀

주름살 없는 햇살 곱게 편
그 위에 아무렇게나 쪼그려 앉은 남정네들

왠지 모를 시름을 깊숙이 빨아들이고는
허공에 흩어 뿌린
한 점 흰 구름이 재빨리 능선을 넘고
어느 사이에 아이들이 띄워 올린 방패연 따라
금년 한 해의 소망을 실어보는
새봄 이야기가 중천에 올랐을 즈음
출출한 아랫배의 꼬르륵 소리를 민망하게 되받아

너부죽이 문안인사 여쭙는 젊은이 하나가
어르신들의 점심을 준비했다는
장張 씨에 클 태太 편편할 평平자 쓰는
장태평張太平이다

2
난리가 있은 임진년으로부터 6년 뒤인

丁酉年(1597년)의 정월 열나흗날
20만 명의 왜군이 다시 조선을 침략하고
이순신을 무고한 원균의
경상 전라 충청도의 삼도 수군이
칠천량 해전에서 전멸하니
전라도 남원이 적에게 함락되었음은 인과응보라

같은 해 구월 열엿샛날
삼도수군통제사로 재임명된 이순신은
남은 배 헤아리니 12척
명량으로 밀려오는 적함선 133척에 맞서
적장의 목을 베어 장대에 높이 매달고
서른한 척 때려부수니
명나라 군사도 직산에서 일본군을 대파했고

힘이 다한 왜군이
풍신수길의 죽음으로 퇴각하는
다음 해인 戊戌年(1598년) 동짓달 열여드렛날

노량 앞바다의 장군 이순신은

'이 원수만 무찌른다면 죽어도 한이 없다.'

외치고는 선두에 서서
제 나라로 돌아가는 왜선 200여 척을 깨부수고는
적의 유탄에 쓰러지며
나의 죽음을 알리지 말라 하니
때의 나이 쉰셋
죽은 순신이 산 왜적을 물리쳤다며
적선 50여 척이 겨우 달아났다는
콧등 시큰거려 가슴이 저미는 아픔을 안고
장조남 정선녀 부부는 부모와 집과 노비와 재산을
임진란에 모두 잃은 한양을 떠나

새마을이라 이름 한 새터
예까지 올 때에는 애기였던 이 아이에게
제발이지

다시는 다툼 없는
태평성대 이어지는 세상이 되라고
지은 이름 태평이를 싫다는 사람 없는 것이 흠인
나이 스물넷 된 장 정승 댁 어엿한 손자가
깊게 머리 숙이는 모습에

가봐야 시원찮은 끼닛거리 다투는 손자손녀
눈에 선한 모습에 털털 자리를 털고
장씨 댁 사랑방에 둘러앉아
철질의 기름 냄새 코끝으로 음미하며
색동저고리에 빨간 치마가 고운 아이를 어르는데

어디 보자 벌써 돌이라니
축하하이, 여자아이라 순하고 예쁘구나
그래 자아-알 생겼어
더구나 늙은이 불러서 술밥 대접하다니
정경부인은 틀림없네 그려
칠순의 김 생원이 풀어 놓는 덕담으로

산마루에 멈칫거리던 해가 어둠을 부르면서
한층 넉넉해진 몸과 마음으로
올봄 지날 걱정에
아들딸 자랑을 담은
몇 순배 돌고 돈 술잔에 불콰해진 얼굴들이
세상 이야기로 취기가 오르는
丙子年(1636년)의 이른 봄날
춘분이 지나지 않은 칠흑의 바깥이지만
앉은자리에서 저녁 밥상까지 물린
등불에 놀란 앞산 부엉이
부엉부엉 소리가 이산저산 울리고 있었다.

3
배부르고 등 다스우면 옛 생각 난다고
좋았거나 그렇지 않았던 일들이 주마등인 양
스쳐서 지나가는 그 중에서도
모두가 매한가지로 궁금해 하지만
차마 입 밖에 꺼내지 못하는 말 누군가가

술기운을 빌려서 불쑥 쏟아내고야 말았으니

"폐위된 임금은 어찌 됐을꼬."

흐르는 침묵의 시선이 한군데로 모이고

조선의 곳곳은 물론
압록강 너머 청나라의 도읍지인 심양과
만주 일대를 넘나들다가
얼마 전에 돌아온
태평이의 아버지 장조남
차림새야 허술하지만
자기를 낮추고 상대방을 배려하는 자세와
조용하나 범접키 어려운 말씨며
무인武人에게나 있을 법한 단단한 골격과
형형한 눈빛으로 군더더기 없는 몸매에

이따금 사 경쯤이면

먼 산의 은은한 기합소리는
태평이 아버지가 무술을 연마하는 곳이라고
동네에 소문이 파다한 장조남이 입을 연다

어디 그 삶이 삶이겠습니까,
만승의 자리에서 물러난 귀양살이라니
우리도 상상이 되지 않는데
말로는 쉬워도 죽지 못해 사는 거지요
癸亥年(1623년) 삼월 열사흗날의 반정군에 쫓겨
이이첨 정인홍 정조 박엽 등이 처형되고
멀어진 인심에 찾는 이마저 없고 보니
의지할 곳 어디에도 없어
온종일 들리는 것은 파도소리요
이따금 영창문을 두들기며 안부 전하는 바람에
잠시잠깐 기웃거리다 떠나는
구름과 갈매기뿐인
강화도 가시울타리 집에 갇히고서 두 달 뒤
황해도 감사에게 구원 청하려

양손에 은덩이를 쥔 채
담장 아래 땅굴로 도망하려던
폐세자 질은 사약 받아 저승으로 가고
세자빈은 나무에서 뛰어내려 자결했다 하더군요

폐비 윤씨인들 어쩔 도리가 없었던지
도진 울화병을 안고
일 년 하고도 일곱 달 후
폐주 가슴에 대못질 단단히 하고
하늘이 까맣게 내려앉던 날 이승을 떠나는 길에
폐주의 심사를 헤아렸는지
참고 참았던 폭우마저 억세게 쏟아져
눈물에 콧물 범벅이 되고
통곡 소리마저 떨어지는 낙숫물과
뇌성벽력에 가려졌었답니다.

임금이 되려고 명나라 사신에게
산삼에 인삼과 은덩이를 뇌물로 주고

상궁 김개시는 주상의 뜻이라 핑계하고는
고을 원, 한 자리에 이삼천 냥 받았어요.

밤이 이슥한 열사흗날
상궁 김개시와 주고받는 술잔에 휘몰아친
반정군의 거친 함성에 놀라
익선관이며 곤룡포 다 벗어던지고
내시의 등을 밟고 담장 넘어 가서는
의관醫官 안국신의 상가에서 잡혀오던 다음 날,
인심은 조석변이라더니
보련에 기치창검은 고사하고
장식 없는 말에 앉아, 고개 숙인 폐주廢主
울타리며 담 너머 길가 백성들이 넘겨다보고는
참고 참았던 울분을 터트리느라
두 주먹 불끈 쥐고는
야, 돈 애비야 이 못된 돈 애비야 하면서
벼슬 팔아 벌어들인 돈
아까워 어찌 하느냐고 너도나도 퉤퉤

침을 뱉었다 하더군요

방안의 눈동자가 밤하늘의 별로 빛나고
쌓여가는 어둠만큼이나
무거운 마음으로 이야기를 이어가고 있었다

궁궐 지키는 훈련대장
이 년에 다섯 번이나 바꿔
반년을 못 넘기니 누가 마음으로 복종하겠어요
사람을 쓰면 믿고 맡길 줄도 알아야지
못 믿으니 내가 상대방을 믿겠어요
반정군이 온 날에도
궁문 지키던 훈련대장 이흥립은 미리 알고
슬그머니 문을 열어 주었다고 해요.

계모도 어머니는 어머닌데 폐한 인목대비
서궁西宮에 유폐한 건 잘못이지요
아무리 권력이 좋다 해도

아홉 살 난 영창대군이며
동기간인 친형 임해군
현 주상의 친동생 능창군을
역모로 몰아 처형한 것도 잘한 일은 아니지요

그러나 명나라에 밉게 안 보이려 적당히 협조하고
새로 일어난 청나라에
강홍립 장군을 항복시켜 정세 알아보는 등
잘 구슬리고 다독였지요
임진란 때 폐허된 궁궐의 일부를 중수하고
백성은 편안히 잘 지낸 것이 사실이지요.

　　모두가 뿜는 제행무상의 한숨 탓일까
　　톡톡 튀는 들기름 불에
　　출렁이는 그림자가 요동치고 있었다

여진족 되놈들에게
우리 힘이 부치는 것도 부인 할 수 없지요

그런데도 망하는 나라는 어버이 나라고
오랑캐엔 배울 게 없다고
새 임금이 그런다니
세상이 또 시끄러울지 몰라요

우리 사신이 명明에 가면 구걸로 매달리고
궁궐의 섬돌을 안고 뒹굴다가
구품 석九品席, 제일 아랫자리에 서 있었다니
임진란의 은혜야 어찌 잊을 수 있으랴만
그렇다고 그게 말이 되느냐고요
은혜 어쩌고 하는 것을 이제는 달리 생각해야지

    술잔이 한 바퀴 더 돌고는
    심하게 흔들리던 등불이 곧게 서며
    비추는 모두의 얼굴에 새 의지가 담겨진다.

1억 2천만 명 중국 인구 중
걔들 여진족

2리厘인 이백만 명뿐인데
말 타고 바람같이 내달리는 용맹성 때문에
한족漢族이 꼼짝 못한다는 거야요
대단한 놈들이지요.

시끄러운 건 그렇다 쳐도
죽고 피난 가고
다치는 건 우리 백성인데
허세만 앞세우는 양반들도 깨달아야지
옛말에도 강한 쇠는 쉬 부러지고
쇠는 금보다 쓰이는 곳이 많다고 했지 않아요
때와 장소를 보아가며
적당히 굽힐 줄도 알아야지
어느 시절에나 힘 길러 맞서려는지 내 원 참

그게 다 당파 싸움 때문이에요
저희들 우두머리가 사는 곳의 방향 따라
동인 서인에 남인 북인으로 패거리 짓는 사이

이때다 하고 쳐들어온 왜놈들이
조상대대로 살던 땅 쑥대밭 만들고
피붙이도 잃을 만큼 잃었으면
정신 바짝 차려야 할 텐데
오뉴월 모포기가 새끼치듯 갈라짐을 보고
정묘년에 되놈들이 쳐들어 온 것 아니겠습니까

　　적막 깨는 밤새소리가 어디선가 들리고
　　시선과 시선이 부딪쳐 튕기는 빛
　　벌겋게 타오르고 있었다

황제가 된 홍타이지가
원元나라의 전국옥쇄를 얻은 후
나라 이름을 대청大淸
연호年號는 숭덕崇德으로 한 얼마 전에
대내외에 세를 과시할 참이었는지
주변국 축하 사신들이 심양瀋陽에서
손 짚고 무릎 꿇어 한 번 절하게 한 뒤에

이마를 세 번 조아리는 의식을 세 번 되풀이하는
삼궤구고三跪九叩 의 예, 행했다는데

그 많은 사람들 중
조선 사신 나덕헌과 이곽 두 사람만 유독
명明과의 정의
저버릴 수 없다고 거부하다가
몽둥이세례를 받았어요.

의리를 그렇게 중히 여긴다면
아예 참석을 말든가
참여했으면
여러 사람 만나 주변 정세를 들어보고
나라 위하는 길이 무얼까, 이것저것 살피며
멀리 내다볼 줄도 알아야지
앞뒤가 막혀도 그렇게 막힐 수 있나 원 참

목 베지 않았으면 웰까 했어야 했는데

만고에 다시없는 충신이라며
동네방네 왜장치고
성리학의 충효인의예지신 정신이
바로 이것이라고
골골마다 백성 선동한 소식 전해들은
청나라가 가만있겠어요.

집안사람끼리 권력 다툼하는 걸로 보이는
내분의 우려도 있고
명나라에 뒤통수 맞을까 싶어서 그렇지
순서는 정해져 있는 거나 같아요

아마, 금년 겨울이 될 것 같아요
또 난리 치르는 것이,

먹구름이 몰려오려나 보다
영창의 달빛이 사라지며
바람 소리가 창밖 휩쓸어 냉기가 감돌고

말 잃고 먼 허공을 응시하는 눈망울 끝에
도사린 어둠이 차곡차곡
쌓여져가며 더욱 짙어지는 침묵이 흐르고
누군가가 뿜어내는
긴 한숨에 흔들리는
등불이 위태로워 보이면서
잊었는가 싶던 전쟁에 피난 근심
부엉이가 바람결에 풀어 놓을 때쯤
긴 꼬리 별똥별이 스러지고
만 근 무게 발길들이 서릿발에 허든거렸다.

바람의 색깔

1

1590년庚寅年 조선의 14대 임금
선조 23년이다
자줏빛 명자나무 꽃등이
겨우내 어두웠던 거리를 밝힌다며 꽃불을 켜고
논밭의 겨울잠을 깨우는 소몰이 소리
이랴, 어 저저가 지나친 자리마다
밝은 햇살에 검붉은 흙이 수줍게 웃고
진달래가 온 산 붉게 물들이며
백목련 하얀꽃 자리에 초록빛 새움이 돋는

삼월 초엿샛날

정사로 임명된 황윤길과 부사 김성일이
국서 받든 통신사 되어 일본으로 떠난 뒤
유성룡은 우의정이 되고
정여립의 난을 진압한 유공자에게
평난공신의 칭호가 주어졌지만
조선 팔도 어디라 할 것 없이 인심은 흉흉했다

일본을 하나로 통일한 풍신수길 야심의 눈길이
조선 넘어 중국 쪽으로 뻗치면서
딛고 지나야 할 이웃
조선 사신쯤이야, 으스대는 마음으로 만나지 않다가
동짓달이 되어서야
마지못해 접견하고 전한 답서
받아든 황윤길과 김성일은
일본인 현소
평조신과 동행하여 다음 해인 신묘년辛卯年

정월 스무여드렛날
근 일 년이 다 되어서야 부산포에 이르렀으나
지친 몸과 맘 추스를 사이도 없이

찬바람 가시지 않은 한양 길을 재촉하여
삼월 열하룻날
통신사로서 귀국보고를 하려는 때에 맞춰

지난해 이월 초이튿날의 하늘에
꿈결에나 봄 직한 고운
빨갛고 노란
그리고 파란 띠의 햇무리 중앙을
시리도록 흰 기운이
곶감 꿴 듯한 모습으로 떠 있던 형체
서녘에 다시 선명하게 나타남과 때를 같이하여

너나없이 이마의 주름이 깊게 패이며
허허 변괴로고

분명 난리 날 징조야
통신사와 왜놈들이 같이 온 걸 보면 어찌 이상해
그 사람들 간자間者 아녀
하면서 나이 든 분들이 혀를 끌끌 찼고

무옥誣獄인지 아니면 반역 모의가 확실한 건지
잘 모르는 정여립의 기축옥사에
대충 헤아려도 천 명이 넘는 사람을

지르고
베고
꺾고
자르고
패대기쳐대고
주리 틀고
조이고
토막내는 주검의 형벌에 어찌
업보가 없겠느냐며

앞일을 걱정하는 한숨소리 드높은데

편전便殿에서는
임금의 안부를 여쭙는 신하와
신하의 건강을 챙기는 임금님 말씀과
정담 주고받는 인사가 끝나고
먼저 입 연 사람은 정사 황윤길이다

'전하의 뜻을 받들어 만난 일본의 관백 풍신수길은
눈빛이 형형하여 불길이 이는 듯했고
담력도 있어 보였습니다
양볼이 튀어나오고
빤 하관이
전체 얼굴에서 매우 좁아 욕심이 과하고
성품이 조급하며
난폭성이 있어
제 스스로 건강을 해칠 것으로 보였습니다
또한 여기저기 돌아본 포구마다

크고 작은 병선을 무수히 건조하고 있어
머지 않아 있을 병화兵禍가
확실합니다, 라는
정사의 말이 채 끝나기 전이다
부사 김성일이 다급히 입을 열어 말하기를

'그 무슨 당치않은 말씀
전하, 풍신수길의 눈은 쥐눈이었습니다
뛰어난 지략
용맹성 과단성은 없어 보였습니다
선박도 고기잡이에 소용되는
작은 배로서 병선으로 쓰기에는 부적절했습니다
모든 것이 하나에서 열까지 이러할진대
병란을 어찌 논할 수 있으리오'

서인과 동인으로 나뉜 정사와 부사의 이견
어느 정도 짐작은 했으나
나라의 안위와

생과 죽음이 걸려 있는 문제에까지
이리 심할 줄은
임금 선조마저 미처 생각지 못했다

'두 개인 새의 날갯죽지 중 하나를 자른다면
새는 날 수가 있소 없소
두 사람이 보고 들어 판단함이 이같이 다르니
누구와 더불어 국사를 논한단 말이냐' 하는
장탄식이 벽에 부딪쳐
되오는 메아리가
칼날 되어 후비는 가슴을 안고
긴 한숨 연신 내뿜는
오월 열나흗날

여차하면 도움을 받아야 하는 형편에
미리 알려주는 것이야 해로울 게 있겠느냐며
남쪽바다 멀리 왜국이
중국을 침략할 준비가 되어 있다고

명나라에 통보한 선조가 우두커니 된
임진년壬辰年 사월 열사흗날
날은 맑고 푸르렀다

2
수평선 너머 흰 구름이 이따금
돛단배 띄운 하늘에서 노 저어 노닐다 가고
매화꽃 자리에 맺힌 큰아기 젖망울 같은 열매
어르는 초록빛 바람이
갈매기 날개에 얹혀져 까르르 웃는데
왠지 바닷가에 서늘바람이 맴돌고
해 지려면
여남은 뼘이나 실히 남음직한 서녘과
짠내 머금은 파도가 밀려오는
부산포 앞바다
둥근 선 드리운 물결이
넉넉함의 여유로움으로 잔잔한
수평선 가운데의 점 하나 되어

합죽선의 부챗살마냥
조금씩 넓어진다 싶더니 이내
바람을 풀어 놓았는지
일렁일렁
높아진 파도가 백사장을 들이받고는
연신 코방아를 찧어대고

빨간 빛의 놀을 안은
21만 명 왜군 중 제1번 부대
소서행장小西行長 휘하의 일만 팔천 명은
누구냐고 묻는 사람이 없는
뭍에 올랐으나
싸움이란 응하는 상대가 있어야 신나는 법이라
대적하는 사람이 없어서
생각보다 좀 싱거웠나 보다

상륙한 다음 날에야
거칠게 항전하는 부산진 첨사 정발

동래부사 송상헌을 저승나라로 보내면서
아무런 준비가 되어 있지 않아
힘없고
저항의 능력마저 잃어버린
양산에 청도 밀양
안동 선산을 거쳐 대구를 휩쓸고
사월 스무나흗날의 상주에서
이일의 조선군을 힘겨움 없이 짓밟고 이른 곳
새들도 쉬어 넘는다는
험하기로 이름난 문경새재

한 사람이 능히
천 명을 지킨다는 천혜의 요새지 곳곳에
복병 매복하자는 제언
일언지하에 거절한 삼도도순변사
신립 장군, 귀신에 씌워도 단단히 씌웠는지

지형지물의 자연적 방패막이 버려두고

사월 스무여드렛날에
배수의 진을 치고
뻐꾸기가 피맺힌 소리로 울부짖는
달래강의 탄금대에서
적의 조총에 밀리고 밀려
분홍빛 철쭉과 함께 강물에 잠기는 소리에 놀란
조선의 의로운 기개가 떨쳐 일어나니
현풍에서는 곽재우
옥천의 조헌 등이 의병을 일으켰으나
아직은 큰 세를 이루지 못하여
부산포 상륙 후 스무날 만인 오월 초이튿날
제풀에 열려져 손짓하는 한양의 사대문
밀고 들어서면서부터

그늘진 구석구석
수챗구멍
잿더미 된 궁궐의 내부며
쓰레기 더미

풀숲
나무 그늘 아래 널따란 놀이터
어디라 할 것 없이
샅샅이 뒤지고 뒤져
죽은 왕의 시신이라도 수습하겠다면서

명命이 길면 수치羞恥도 많아진다고
제 힘으로 지키지 못해
함락된 성城의 주인이 갈 길은
정복자의 칼날 아래 죽거나
항복하거나
그도 저도 아니라면
제 배 할복割腹하는 길뿐이라면서도
어느 한곳 소홀이 하지 않고
설마하니 그리하리라고는 믿지 않지만
저 살겠다고 도망치는
비굴함이 있어서는 아니 되는
무사정신의 조선왕 모습을 찾아 헤매기

하루가 지난 아침이다

사흘 전인 사월 그믐날
장맛비에 범람하여 넘쳐흐르는 한강
거센 빗발이 몰아치는 한밤에
주인 잃은 나룻배로 건넌 임진강의 조선왕은
개성 지나고 평양에 잠시 머물다가
여차하면 압록강을 건너가려는지
중국과 가까운 곳으로 향했다는 기막힌 소식
척후로 내보낸 병사의 숨 가쁜 소리로
전해들은 왜장은
닭 쫓던 개 지붕 쳐다보듯 허전한 마음으로
더는 두고 볼일이 없어졌다는 듯

'에이, 더럽고 추하고나
염치 모르는 치사하고 옹졸한 조선의 왕이여
목숨이 아까우면 항복할 일이지
믿고 따르는 백성들은 어이하라고

저 홀로 도망을 해
이제는 주저할 이유가 없다
깊은 물 높은 산 넘나든 장병들이여
여기는 주인이 없는 나라
만끽해도 좋다 살아있음의 기쁨을' 하고
외친 한 마디에
극명한 것은 승패의 길이니

싸움에 진 자는 순응만이 있을 뿐
항거하는 자에게는 죽음이 있다
조총소리에 날짐승 들짐승이 달아나고
칼날의 번쩍임에 뜨고 지는 해와 달빛 사이로
금은보화는 물론 서책이며 그림
도자기와 부처님 상像 조형물 등
싹쓸이로 제 나라에 보내면서
비단 폭 찢는 것 같은
여인의 단말마적 비명에
쫓고 쫓기는

어느 고샅의 거친 숨결 뒤
튀는 핏물에 하늘땅이 딱 붙는다 싶은 날 밤
사람의 왕래가 끊긴 지 여러 날 되는
북촌의 김정승 댁 대문 앞이니

검은 인기척에 화들짝 놀란 소리
어떤 놈이냐
어느 놈이 감히 겁도 없이 범하려 하느냐
여기는 김 정승 댁이니라
하면서 맨주먹으로 달려나오거나
몽둥이로 저지하려 막아서는 자
칼날 아래 뉘인 왜군들이

내달려 들어간 내당의 장지문을 열어젖히고
촛불 아래 의젓이 앉아 있다가
죽자 사자 발버둥치는 며느리 장씨를
병아리 낚아챈 참수리 날 듯
높고 낮은 문 지나

잘 정리되어 크고 훤칠한 집 마당에 이르렀으나

올 곳이 못 된다며
어서 빨리 되돌아가라는 듯
희번덕이는 해태의 눈을 피하여 디디는
발밑 감촉
궁궐에나 있을 법한 돌계단에 올라서며
열에 두셋을 더 헤아렸을까
헛짚는 듯한 발길 바로잡으며
환한 등불 아래 넓은 섬돌과
한 아름이 되고도 남음 직한 기둥에
날렵한 처마 끝
네 귀퉁이
웃음인지 울음인지 모를 풍경소리다

놀라 멈칫하는 사이로
두어 길 실할 듯한 들보며
별빛에 더욱 빛나는 까만 윤기

번질거리는 대청마루가 눈에 들어오고

젊은 병사 두 사람의 억센 힘에
떠밀려 앉혀진 어둠 속
보고 느끼는 것마다 신기할 따름인데
인기척에 열린 두 쪽 장지문
틈새의 부신 불빛이 빛 거두어들여
어둠의 눈이
깜박이기 여러 번에
안개 걷이듯 어둠이 사라지고
앞이 트이면서 나타나니

지금껏 듣도 보도 못한 새 세상으로
커다란 은촛대 위
굵기가 팔뚝만 한 벌건 황촛불에
둘러친 명주 휘장
땅 기운 누르듯이 우뚝 선 긴 칼
채 가시지 않은 콩기름 냄새의 장판

용 두 마리가 여의주를 희롱하는 화장대에
한지로 바른 하얀 벽 그 앞이다

갸름한 여인의 얼굴 같은
문갑 위 앙증스런 면경을 보며 두려움보다는
주위 분위기에 넋 잃은 황홀감이
밀물로 출렁인다 싶은 순간
허공의 학이 너울너울 춤추며 다가와서는
깃 폈다 접어
눈앞 휘저으며 머리 위
하얗게 맴도는 어지러움으로
풀리는 정강이 힘에 맥없이 주저앉았으나

여인의 단아한 옷매무새와
품격이 주위의 분위기에 젖어드는데
엊그제가 단옷날이라고는 하지만
아직은 철 이른 하얀 모시 저고리 아래
받쳐 입은 분홍치마에

깊고 서글서글하니 큰 눈에 확 트인 이마며
얼굴 한가운데에 산맥이 흘러내리듯
날카로운 콧날에
나이가 스물은 넘은 듯한
싱싱한 여인 티가 제법 넘쳐흘러,
엿보이는 맑고 깨끗한 기품이
어느 누구도 쉽게 범접치 못할 기상으로

선명하고 고운 가르마 자국
정감으로 풍기는 피마자기름 냄새
알맞은 머리숱에 쪽진 머리
좌우 대칭의 축인 은비녀
반짝거림에 머문 눈길이 가늘어지고
깊은 숨 들내신 뒤에
손바닥 위의 놀잇감이듯
위와 아래 옆과 옆을 여유롭게 더듬던 사내는
쏟아져 들어오는 달빛이
오월의 꽃내 한 아름 안아다가

영창에 흩어 뿌림을 알고서야
아는 체하는 남정네
곁눈질로 살펴보는 여인의 눈에는
사십은 넘지 않은 듯싶은
육 척 장신에 다부진 몸매
떡 벌어진 어깨
옅은 웃음이 지나치는 눈가에
히죽, 히죽이는 입은 만족을 머금고
몇 잔 술에 달아오른 얼굴에서는
날씨 탓만은 아닌 개기름이 흘러내리며
네댓 번 무어라 웅얼거리다가
서로 간의 말씨가 다르다는 걸 비로소 깨닫고

씨이익 웃으며
덥석 안은 여인을 요 위에 앉히고는
지그시 손잡아 이끄는
끌어당김에 놀란 망아지이듯
이리저리 휘저은 여러 번의 손짓

남정네의 거친 품안에서 멎고
힘에 겨운 숨 몰아쉬며 내려감은 눈 아래

풀어지는 옷고름
떨어져내리는 겉치마
남은 마지막 한 겹의 속속곳 말기
허리 아래로 밀려나 벽치는 울림에
놀라 깬 장태의 수탉
홰쳐 부르는 여명의 소리가 섧게 울린

사흘 후다
바람은 잔잔하고 높이 뜬 하늘이 푸르른
오월 초이렛날
왜놈 배 26척이 옥포 앞바다 해전에서
조선의 전라좌수사
이순신 장군에 의하여 침몰된 것이 알려지고
싸움은 소강상태로 접어들면서
예전 같은 연전연승

승승장구의 승전 소식은 전해지지 않고

바닷길마저 조선 수군의 수중에 넘겨져
병력이나 군수품 수급이 어려워졌고
조선 조정에서는
대제학 이덕형을 명나라에 급히 보내어
빠른 지원을 요청했다는 급보에
왜장이 황급히 떠나면서
여인 장씨는 자유의 몸이 되었다.

3
철따라 피는 뜰아래 꽃도
누군가가 피어나라 해서 피는 것은 아니지만
때가 되면 왔던 곳으로 사라져가는
순리에 얹혀져 흐르는 세상사
그 앞에서
거부의 몸짓이 용납되어지는 것이 아닌 것을
모를 리 없는데도

행여나 하는 요행수에
왜군이 한양을 점거한 지 벌써 일 년
변한 것이 어디 한둘일까
경복궁 창덕궁 창경궁
종묘와 문묘가 성난 민심의 불길에 잿더미 되고

유월 초이튿날에는
당포에서 적선 20척을 이순신이 격침했으나
평양성이 적에게 함락되어
임금 선조가 멀찌감치 의주로 피난하니
경상 전라 충청도의
하삼도下三道 지원군이 용인에서 대패하고
명나라 구원군 일진이 압록강 건너온
칠월 초여드렛날

이순신의 학익진鶴翼陣이
적의 배 60척을 날개에 안고 궤멸시킨 한산대첩에
목사牧使 김시민은 진주대첩을 이루었으며

팔월 열여드렛날
전라도 금산전투에서
의병장 조헌
승병장 영규의 천삼백 의병이 전사하여
명明과 일본이 화친 교섭을 시작할 때
왕자 임해군과 순화군이 회령의 아전
국경인에게 잡혀 왜군에게 넘겨졌고

다음 해 정월 초아흐렛날 평양성을 수복하고
이월 열 이튿날에는
권율의 관군과 의병들이 행주산성에서
여인들의 앞치마에 들려온 돌멩이에 힘입어
적을 대파하니
놀란 일본군은 함경도 평안도에서 내려와
경상도 해안으로 집결하면서
선조는 한양으로 돌아왔다

조선 천지가 안정을 찾아가고 있어

겨우내 숨어들었던 새움이 녹색을 펴고
봄이 봄다웠다 싶어
백목련 웃음이 더 하얗고
자진모리로 휘어지는 개나리줄기 마디마디에
핀 노란 꽃잎에 얹힌
햇살이 담장 아래
양지쪽에서 나른한 봄꿈에 젖어 있을 때
대문이랄 것도 없이

이것저것 얼기설기 엮어 만든 울타리 중간
금줄에 꿰인 까만 숯덩이와
여러 개가 사내임을 알려주는 붉은 고추 아래
영근 봄이 빨갛게 매달려 있고
우렁우렁 마지막 일곱이레를 알리는
아이의 울음이 봄비에 씻겨도
누구 하나 안쓰럽다 여겨주는 이 없고
한 해 두 해에 여러 해가 지나쳐가는 동안에도
친척들의 다순 입김 한 번 받아본 일 없이 살아온

세월이 어언 이십 년
검정이 하얀 빛깔보다 결코 어둡지 않다 해도
얼굴 모르는 아버지가 왜군이라서
어머니 따라 성은 장張
낳고 자란 조선의 아침 조朝를
가운데에 넣고
머슴애라서 끝 자는 사내 남男을 쓰는
이목구비 수려하고 귀티마저 흐르는
장조남張朝男
먼 허공을 멍하니 응시하다가
더듬더듬 더듬거리는 허리춤에서

집히는 것 몇 번이나 놓았다가 다시 집어든
물건 하나 꺼내어 옆자리 여인에게
불쑥 내미는 손의 반대쪽으로 돌린 얼굴에서는
아버지가 어머니께 신표로 준 물건이래
도움될 일이 없어
어느 누구에게도 보인 적은 없지만

차마 버리지 못해 지금껏 지니고 있으면서
어느 한 날 잊어 본 일이 없다는
말끝이 울먹, 울먹인다 싶었으나 이내
거센 폭풍 앞의 나무이듯 어깨가 요동치는
사내의 격정이 누그러진 뒤에야
손가락 사이로 흐르는 눈물을 훔치며
먼 하늘의 개밥바라기에 눈길을 주고 있었다.

배부른 어머니가 찾은 외가의 식구들
손사래의 바람에 밀려 움막에서 태어나고
남의 눈을 피하여 천덕꾸러기로 자라는
나이 열 살 되던 해
뒷산 뻐꾸기가 자지러지게 울어쌓던 날
그리 높지 않은 뒷산에 올라
먼 바다의 일본 쪽을 바라보시며
금강산 신계사神溪寺로 떠나는 길에 주셨다는
한 자尺 남짓한 칼과 칼집을 살피다가
깜짝 놀라

왕방울로 부픈 여인의 눈동자가 머문 자리

'小' 字다

부르짖는 여인을 물끄러미 쳐다보며
임진년에 맨 먼저 부산포에 상륙하고
한양에 이르러
일본 깃발을 처음 꽂고
조선의 곳곳마다 지나간 흔적을 남겨
이름만 들어도 무서워했던
장군 소서행장小西行長이 아닌가 했어요

수소문해 거처를 알아보았지만
세키가하라의 넓은 들에서
덕천가강德川家康과 싸우다가 패한
풍신수길의 부인과 아들이 할복한 뒤였어요

무엇인가가 울컥 치민다 싶은지

두어 번 기침을 토해내고는

포로가 된 소서행장에게
애당초 무리한 조선과의 전쟁에서
굶거나 얼어 죽고 의병의 칼날에 숨을 거두고
풍토병에 하릴없이 목숨 잃고
제 살길 찾느라 도망치면서
몇십만의 군사는 기만 명이 되고
보급품 싣고 오던 배마저
이순신 장군의 조선 수군 칼날 아래 목숨을 앗긴
전쟁의 허물을 홀로 안게 하고 처형되던 날

맑게 갠 푸른 하늘 아래
조용히 눈 감고 앉아 있는 형장이다
덕천가강에 빌붙은 가등청정加藤清正이
거만한 몸짓으로 발아래 던져준
할복용 칼과 가등청정을
환한 웃음으로 바라보던 소서행장은

무엇인지 모르는 천주교 거기 신자였대요

믿는 신앙의 가르침대로
자결을 거부하고 처형됐다고 하드라고요
내 아버지라는 확증은 없지만
일말의 기대를 저버리지 않아서인지
아니 들음만 못한 일
더 캐고 알아봐야 뭐하겠어요
일체가 무상한 세상만사라
지금껏 그냥 두고 있다면서도
가시지 않은 손때의 만지작거림을 모르는 척
수많은 낮과 밤의 역사를 기억하고 있을 칼
희다 검다 말없이 제집을 찾아들고
물고기 꼬리짓에 사내의 모습이
심하게 흔들리고 있었다.

4
인연이 인연 따라 돌고 도는 윤회라서

어느 땐가 만나는 것이 인연이고
짚신도 짝이 있듯
부부나 부모자식 간에 이어져 내려오는 끈
어느 무엇으로도 단절시킬 수 없으리니
둘 사이에 흐르는 긴 침묵을 깬 건 여인이다

한참이나 숙였던 고개를 들고는
조용히, 그러나 야무지게 꺼낸 이야기는

'내 어머닌 정 참판 댁 고명딸이었어요
장조남 씨 어머니가 그랬듯
곱게 자라 이제 막 꽃피우려는 나이
스물이 된 임진년 오월 어느 날
왜군 진영으로 끌려간 사흘 내내 당한 능욕 뒤
두어 달이 훌쩍 지난날이었대요.

잘 먹은 저녁 음식에 채하기라도 한 듯
입덧에 이는 헛구역질

불러오는 배를 무명배로 조이고
어미로서 차마 못할 일인 줄 알면서도
짜다 못해 쓴 간장 들이켜고
가파른 언덕에서 여러 번 굴러내리고
또 굴러내리며
자줏빛 자리공의 독한 열매
생즙 내어 마시고
쓴 너삼에
뽕나무뿌리 삶은 물 먹어가며
기둥에 배 부딪칠 때마다
몸과 마음이 저려오는 아픔도 잊은 채
모진 마음으로 입술 앙다물고
떨어져라 애야
정말이지
제발 좀 떨어져 다오. 라고

천지신명께 간절히 기구한 보람도 없이
세상에 울음소리 낸 나

혹여 누구의 눈에 띌까 봐 숨어서 자라며
어머니 따라 성은 정鄭
씨 뿌려진 조선의 끝 글자
빛날 선鮮자에
계집 여女를 합한
정선녀鄭鮮女
외가 별채의 어둠에서 지내오기 십오 년 내내

어머니 외의 누구와도
사람으로서
사람다운 행세 한 번 못해 보고
꿈다운 꿈꾸어 볼 수 없이
먼저 가신 어머니를 원망하면서 살았지요.

때로는 그리워 울다가
지쳐 지나온 세월이
어언 오 년
한 많은 세상을 저주하던

어둠의 뒤안길에서 만난 우리가
태어난 동기에 나이가 같고
생일도 한날이며
이름마저 조선을 반씩 나누어 가진
우연을 가지고
길거리의 불량배로부터 저를 구해주고난 뒤
이야기를 나눈 여러 날에
서로가 서로의 딱한 처지를 알아보고

꽃피는 봄
열매 자라는 여름
풍성함을 거두는 가을이 있음을 알게 됐다며
여명을 온몸으로 맞으려는
새벽보다 먼저 핀
꽃봉오리 하나를 가슴에 안고
모처럼 환히 웃는 정선녀가

속 시원히 쏟아낸 푸념의 긴 이야기

되건져 올리려는 듯
한 움큼의 물 쥐어 올리려다 버린
사내의 멋쩍은 웃음으로
물의 흔들림에 찢긴 별빛이 다시 모여
풀잎에 맺히고
차가운 소만小滿의 산골바람에 흩어진
머리카락 몇 번인가 추어올리는
여인의 저고리 앞섶으로 불룩 솟은 가슴속
심장 적시는 시원함의 의미
나이 스물이 된 여심은 이미 알고 있었으며
여인의 어깨를 감싼 남정네와
남정네 가슴의 여인은 지난날을 떠올리고 있었다.

5
하루의 무료함을 달래려 산에 오르다가
점심 한 끼 얻어먹으려 들린
인왕산 바위 아래 암자 지덕암智德庵의
무이無以 스님은 기다렸다는 듯

개다리소반에 밥 두 그릇을 얹어놓고는
웃음으로 맞고 있었다

앞으로 긴히 쓰일 데가 있을 거라며
그날 이후 밤낮없이 다잡아
봉술棒術과 택견
알려주고 배움 받는 일 년이 지난 어느 날
이제는 하산하여야 한다며
등 떠미는 스님의 뜻에 따라 내려오는 길에

먼 허공을 향하여 펄럭이는 해진 옷자락을
날카롭게 파고드는 소리
여인의 비명이다
반사적으로 튕겨 일어난
장조남의 손아귀에 쥐어진 봉棒에 힘이 실린다

넉 자 길이의 결 고운 몽둥이에 배어 있는
사람의 땀과 눈물로 적신 손길이

햇살에 반들거리며
금방이라도 내달려 갈 듯한
자세의 눈망울 저쪽
이십대 초반으로 보이는 사내 셋에 쫓긴
헝클어진 머리의 여자가
찢긴 치마말기 거머쥐며 달려오고 있었다

'왠 놈들이냐'

말보다 먼저 여인을 등 뒤에 숨긴 호통에
멈칫 하는가 했던 사내 셋이
상대방이 혼자임에
저희끼리 마주보며 씨-이익 웃다가

'비켜서시지 그래'

우두머리인 듯 기골이 제법 장대한 녀석이
앞으로 나서며 맞대꾸하는 모습에

숫자상 뒤는 켕기지만 물러설 수 없는 자리라서

'얘는 내 동생이다
까불지 말고 썩 물러나거라
그렇지 않으면 이 몽둥이님이 용서치 않을 것이다'

'아주 제법 웃기고 있네 야, 이 녀석아
저 계집이 홀로 살고 있음을 이미 잘 알고
누이 좋고 매부 좋은 식으로
우리가 위로해줄까 하고 이리 달려왔으니
좋은 말로 할 때 비켜나거라'

상대방의 말과 행동거지를 주시하고 있는데
저희끼리 눈길이 오가는 듯하고는
히죽히죽 웃는 느린 말씨로

'그렇지 못한다면'
소리 끝나기 전에 작은 그물이 확 펴지듯

빙그레 한 바퀴 도는가 했는데
어느 사이 등 뒤로 돌아와 있음과 동시에
여인을 낚아채려던 녀석이 아이쿠 하며 나부러진다

번갯불에 콩 구워먹는다더니
날렵한 동작이다
왼발의 오금이 굼실거리다가 지면 반력을 이용한
몸짓과 발놀림의 휘돌아 차기다
사내 둘이 넋을 놓고 서 있는 사이
어깻죽지를 강타당한 녀석의
일어나지 못하는 등을 발로 지그시 누르고

'자 다음은 어떤 놈이냐'

으름장 놓는 장조남의 서슬에 놀랐음인지
몰라봐서 죄송하다고
앞으로 형님으로 잘 모시겠다고 비는 모습에
슬그머니 물러난 자리에 엎어진

제 동료 둘러메고는
무엇 빠지게 달아나고 있었다,

이렇게 만난 날짜가 어언 달포가 지나면서
서로가 서로를 이해하고
몸과 마음을 의지하려 했지만
부모님이나 일가친척 하나가 없으니
혼서지婚書紙에 예단은 고사하고
사모관대며
원삼족두리의 예복조차 갖출 처지가 못 되어

냉수 한 그릇 얹은 개다리소반에 서린
한밤의 어둠을 걷어올려
그간의 외로움
이제야 서로에게 사르고 있음을
천지신명께 감사드리는 한 쌍의 부부가 되었다.

제 2부

비

바위나 흙의 빈틈을 빠져나온 물방울 하나둘은 개울 이루고 개울은 실개천, 실개천은 시내, 시내는 내, 내가 모여 강을 이루고 종국에는 너 없고 나 없는 바다 하나로 되듯이, 그렇게 흐르고 변하는 역사의 근원도 하나의 빗방울임을 부정할 수 없으나 때와 장소는 보는 이의 각도에 따라 투영되는 모습이 다양하다.

진눈깨비

1

어린아이들이 굴리는 굴렁쇠의 맞물림마냥
가는 듯 멈추어 있고
멈추어 있는 듯 가고 있는 세월이
하나로 이어져
시작과 끝이 경계 없이 굴러가는 자리에
씨 뿌리고
심고
가꾸다 보면
꽃피는 봄

변덕스런 여름 날씨
푸르러서 높은 가을 하늘의 사연
밤마다의 별자리가 초롱초롱하게 밝힌 문자
읽어내려가는 풀벌레소리가
사람이 태어나서 살아가는
한평생과 다를 것이 없다고 느낄 때마다

입가에 번지는 웃음의 뜻을 헤아릴 사이도 없이
고스러진 열매가 떨어지기 전에 거두느라
강아지도 한몫한다는 만 가을
소슬바람이 찬 기운 풀어놓는 새벽녘
샛별이 채 스러지기 전

고된 일에 천만 근으로 무거워진 몸을 일으켜
소여물 쑤고
지게에 발채 얹고
반질반질한 숫돌에 낫 벼르고
손마디가 굵어진 아내가 데워놓은

우거지 국물에 밥 서너 숟갈 놓아먹고는
이마에 머리띠 질끈 동여매며
멍에 지운 소를 몰고 문밖으로 나서면
찬바람이 남은 잠 쓸어가고
어느 사이 번한 먼동에

이엉 빠져나온 참새가 날아오르는 지붕
서리가 하얗게 뒤덮인 산중의 시월을
낙엽이 바람 따라 내달리며
겨울을 부르는 자리라서
조금은 스산스러워 어수선한 마음인데
늦잠 깬 장끼가 푸드득 날아오른 풀숲에
오색 깃 풀어 놓고
입김도 덩달아 뽀얗게 오를 때쯤
이웃 간의 정을 나누고 우의를 두텁게 하는
협동농업에 익숙한 마음들이
짬 날 때마다 미리미리 여러 날 앗아둔
품앗이꾼이 하나둘 모여들어

주고받는 구수한 인사가 이른 아침을 열면

부잣집 벼가 먼저 팬다더니
이곳에서 제일 넓다는 씨나락 닷 말꽈지기
논에서 익은 벼 이삭
늦봄 서리며
타는 목마름의 갈증
비바람에 천둥번개가 몰아치는 여름
말없이 견뎌온 꿋꿋함이
익을수록 더욱 머리 숙이는 세상이치에 따라
마디마디 뚱실한 열매를 매어달고
바람에 흔들흔들 흔들거리고 있었다.

묵직한 이삭이 어쩌지 못하고 기대어선
논두렁이 무너질 듯
부풀어 오른 벼 포기, 포기마다의 풍성함을
손으로 쓰다듬고
벼 낱알 하나둘 헤아려 보다가

터지는 너털웃음으로 반기고는
담배 한 대 태운 다음
바짓가랑이 걷어올리고 벤
몇 묶음의 볏단
세워놓고, 손 녹이고 언 몸 덥히는 이슬털이
막걸리 두어 사발
햇볕에 탄, 마른갈이 논에 물 스며들 듯
단숨에 빨아들이고는
깎지 못해 까칠한 수염 손으로 훔치고서
새우젓 냄새
구수하게 풍기는 김치 한 가닥
즐거운 삶을 반추하듯 잘근잘근 씹으면
여남은 자 실히 오른 해가
햇살을 다습게 펴는 자리에서 생각느니

외할머니가 주셨다는 패물
어머니로부터 물려받아 마련한 농토라서
죄송스럽고 황송하기도 하지만

더욱 애착이 가고 자랑스러워
바지런스럽게 일구고
아침저녁 정성껏
논밭두렁에 여쭙는 문안인사로
농토는 이제야 제맛 되살려
심고 뿌리는 곡식마다 풍년을 이루는 땅
올해 스물넷 된 주인 장태평은
이리 뛰고 저리 내달려
어른들께 가양주 권하다가 웃기기도 하면서
농사짓느라 가슴 조였던 일들을 풀어헤쳐
서로서로 나누는 웃음으로 피운 꽃
바람결에 흩뿌리고

올가을 적게 내린 비 덕분에
물에 빠지지 않는 손발의 날렵함으로
일하기가 생각보다 수월해
벤 벼 줄지어 세워놓기도 하고
비에 맞지 않도록 무더기무더기 쌓아놓는 일거리

해 설핏 이전에 끝났는데도
장태평의 집에 저녁으로 차려진
상 앞에 주–욱 둘러앉아

거두어들인 풍년만큼이나 넉넉하고 푸짐하게
두 개의 교자상에 질펀한 반찬들
부름에 어쩌지 못하고
노르스름한 향기로 입맛 당기는 약주
반주로 우선 한 잔 들이켜고
동구 밖 주막
주모의 풍만한 앞가슴처럼
속살이 하얀 이밥에 척 수저 얹어
입맛 다셔가며 누르고 찔러
마파람에 게 눈 감추듯 하니

너 나 없이 거둬들인 넉넉함이
임진란 이후의 긴 아픔을 삭인 결과라며
어둠을 벗으려는 여명에 더욱 짙게 쌓이는

담배 연기 사이로
조용히 입을 연 사람은 다름 아닌
주유천하하고 돌아온
집주인 장태평의 아버지 장조남이다.

2
불혹을 넘어 지천명으로 가는
오랜 기간 객지로 떠돌아서 그런지
하얀 머리카락이 등불에 반짝이고
길고 깊게 주름살이 파고든
이마의 골이 강인해 보이는 얼굴은
그래도 웃음을 잃지 않았고

오랜만에 따뜻한 가족들의 정에 젖었는지
여유 있는 표정과 느긋한 말씨에
모두의 귀가 쫑긋 열리고
호기심의 눈초리가
제 얼굴에 꽂힘을 알았는지

옆 사람과 이야기하듯 조용히 하니

제가 중국 중원을 유람하던 중
주민 두셋만 모여도 수군거리는
갖가지 소식이 있었습니다만 그 중의 하나는
지나치는 곳마다
너나없이 이구동성으로
아무래도 심상치 않다는 거죠

여진족의 도읍지인 심양의 군장비 운반이며
완전무장하고 대오지어
끊임없이 오가는 청나라 팔기군 이십만 명
선봉장인 용골대와 마부대가
섣달 열흘경
압록강 건너
조선으로 처들어갈 계획이 짜여져 있고

황제인 홍타이지도 섣달 초이튿날쯤

심양을 떠난다고 합니다만
때를 모르고 욕심 부리는 수나라와 당나라를
패망의 길로 몰아넣은
조선의 산과 강이며
백성들이 만만한 상대가 아니며
망해간다고는 하지만 내외에 미치는
명나라의 영향
아직은 무시 못 할 처지라서
혹여나 낭패한 일 당할까 염려되어
속전속결
두어 달 기간이 될 것 같다고 하였습니다.

　　웃는 술잔에 정 담아 마시는 분위기가
　　자신의 몇 마디 말에 웃음이 사라지고
　　전신에서 흐르는 진땀이
　　이마에 송골송골 돋는 자리에
　　왜놈 자식이라는 지난날의 아픔이 얼룩지며
　　꺼낸 이야기

끝까지 안 할 수 없다는 듯
마지막 말을 쏟아놓는다

압록강 건너 임경업 장군이 지키는 의주를 돌아
인적 드문 산림지대 흔적 없이 내달려
평양에서 개경 거쳐 곧바로
한양으로 내달린다는
정확한 소식에 의하여 이렇듯 달려왔으나

조정에 알리고 싶어도 아는 사람이 없고
설사 있다 해도 당파 싸움 때문에
믿지 않을 것이 빤한데
내 것 주고 코 다칠 일 없겠다 싶어
그만두었음을 말씀드리오니
호랑이에 물려가도
정신만 차리면 산다고 했듯이
가을걷이 되도록 빨리 끝내시고
시월과 동짓달 두 달은

그쪽에 마음 쓰시는 것이 어떨까 합니다만

끄먹끄먹 몇 번인가 끄덕이던 등불이
제정신 차린 듯 곧게 타오르며
사람, 사람을 비추는 사이로
부드러웠으나 누구도 감히 마다할 수 없는 소리

'그래 그리하세
앉아서 당하는 것보다야 낫겠지'

칠순의 김 생원 말씀에
모두가 고개를 끄덕이고 있었다.

검은 비

1

조직의 생명은 질서다
톱니가 맞물려 돌아가듯
극히 미세한 오차도 없는 움직임으로
어긋나지 않는 위아래가 되어야
하나에 하나를 더한 산술식의 둘이 아닌
수십 수백의 힘이 생기듯
일억 명 한족漢族과 맞서는 2%
200만 명 소수민족인 여진족의 힘은
여덟 가지 색깔로 표시된

기旗 하나에 있었으니

다섯 가구가 모이면 인隣
인 다섯을 합하여 리里
리 스물을 더하여 당黨이 되는 옛 방식에 따라

통치와 군대 동원의 기본이 되는
팔기군八旗軍
하부의 조직은 니루어진牛彔額眞
니루 다섯 합한 잘란어진甲喇額眞
잘란 다섯을 모아
하나의 구사어진固山額眞 만들어
정황正黃 정홍正紅 양홍鑲紅 정남正藍과
양황 정백 양백 양남 중 하나의 깃발 아래
소속된 자 모두가 따르게 하고
지휘자인 황제 홍타이지와
그의 아들 손자 조카들로 구성된
책임자들이 참여한

丙子年(1636년) 시월 초하룻날의 어전회의다.

밭은기침 두어 번에 냉기가 감도는 전각
용상에서 내려다보는 황제의 눈길
가마솥의 밥을 뜸들이는
아궁이에 지핀 굴참나무 숯불처럼
이글거리는가 싶더니
개가 풀 씹는 듯한 뜬금없는 소리로

壬申年(612년)의 정월
대군으로 침범한 수나라 장수 우중문에게 보낸
고구려의 장군 을지문덕의 조롱 시詩

신묘한 계책은 천문을 꿰뚫었고神策究天文
기묘한 방략은 지리에 통달했도다妙策窮地理
싸워서 이긴 공이 이미 높으니戰勝功旣高
만족함을 알고 돌아감이 어떠리知足願云止하는
오언절구五言絕句에

수나라 군사 백만 명이 살수에 잠들고
당 태종의 한쪽 눈을 잃게 한 안시성 사람들
그들의 후예가 발해일지니
후환의 뿌리를 없애는
조선 공략은 대업을 위한 것이라는
단 한 마디의
군령을 받은 버일러貝勒, 旗王들이

조금 전 황제의 눈길을 떠올리며 몸서리치다가
잘못하면 잘려나갈 제 목을 매만지며
궁궐 물러나와 잘란을
잘란은 다시 니루를 불러
인력과 마필 군장비를 손질하여
조선과의 국경을 마주한 섣달 초닷샛날,

이른 저녁에 떠오른
마귀할멈 눈썹 같은 초승달마저 이울어
시베리아에 형성된 한랭전선이 만주벌 뒤덮고

쐐기모양으로 재빨리 남녘 파고들며
차고 더운 공기가 맞부딪쳐
퍼붓는 진눈깨비의 육중한 무게로
괴기감마저 감돌았고

예부터 싸움이 끊이지 않던
중국과 조선의 충돌을 막기 위해 만들어진
압록강 구련성 주변의 무인 완충지대
짐승도 나들이를 삼가는
폭 일백이십 리 길
나무는 없고 억새 잎만 흔들거리는 곳이 되니

사람 사는 집
한 채 보이지 않는 곳
지금까지의 짐승들 소리가 아닌
인기척에 놀란 새들이
퍼드득 날아오르기도 하면서
깨진 적막이 사방팔방으로 흩어지고

때로는 허리 꺾이는 아픔
주체치 못해 흔들거리는 갈대 숲 사이사이
눈에 띄었는가 하면 숨어드는
검게 솟는 점
하나 둘 셋 넷 다섯 —
그 뒤에 또 다른 하나 둘 셋 —
으로는 도저히 가늠할 수 없을 정도로
금세 불어난 떼거리들
질서정연하게
앞서가는 깃발 따라 움직이는
까마귀 떼 아닌
입에 재갈 물린 폭풍전야의 기압골이다

2
토끼 한 마리 잡는데도 최선을 다하는 사자처럼
만주를 통일한 홍타이지의 오랜 꿈인
중원의 주인이 되려는 야망으로
어느 한 날

지혜와 용맹을 겸비한
조선에 대한 주의를 게을리하지 않았고
측근 막료인 용골대
조선 침략의 선봉장으로 삼았으니
인조 10년인 壬申年(1632년)
유월 스무여드렛날에 승하한 인목대비와
삼 년 후인 乙亥年 선달 초아흐렛날
인열왕후仁烈王后 한씨의 승하에 따라
방문한 조선,
명분은 조문 특사였으나
한양에 이르는 길이며
그 주위의 지형지세를 조사하고
조선의 내정을 엿보는 것이 주된 목적이었으나
이번의 발걸음은 경우가 좀 다르나니

홍타이지를 황제로 추대했다는
만족의 팔기대신과
항복한 몽고

여러 왕자의 서신을 내밀었으나
어찌 오랑캐가 황제라 칭할 수 있느냐고
거절당한 후의 마음속 모멸감
꼭 되갚아 주리라 다짐하고 벼르던
다음 해에 내려진 황명에 따라
조선 땅
질풍노도와 같이 내달리는 모습은 보는 이마다
깜짝깜짝 놀라게 했고

초열흘에 얼어붙은 압록강을 건넜다는
의주 부윤 임경업 장군의 장계가 도착한
그 이튿날인 열사흗날 낮 시간에

아직도 제정신을 차리지 못하고 우왕좌왕하는
놀란 가슴 진정하기도 전에
적이 안주까지 왔다는
도원수 김자점의 장계가 의정부에 돌기 전
이미,

적이 평양에 이르렀다는
평안감사 장계가 올라와 있던 날이었을 거야

평양 떠나 개성으로 가는 길 옆
병자년 섣달 초아흐렛날
멸악산 능선에서
멀리 예성강이 내려다보이는 곳
새가 둥지를 틀고
산짐승 한 마리가 겨우 지나다닐
바위와 바위 사이의 길
끝머리
사람 하나가 만 명은 족히 대적할 만한
남향의 좁은 입구 안이다
스며드는 햇볕에 습기는 적고
다스운 공기가 맴돌았다
탁 트인 공간 여기저기
무더기무더기
쌓인 생활도구며 먹을거리가

환히 밝힌 불빛 아래
불안감 감추지 못하는 여러 사람들 앞에
긴 그림자로 우뚝 선 사내
어느 한 군데 흠잡을 곳 없는 훤출한 중년 장부
장조남이 허리를 깊숙이 숙인다

3
진인사대천명이라 했던가
개미 역사하듯 힘들었던 지난 달포
비탈진 산길에 무거운 짐
지게며 어깨에 져 나르던 남정네에
머리에 이고 오르내리던 연약한 아낙네들까지
누구 하나 마다하지 않고

무사히 일을 마쳐 오늘에 이르렀음이
어느 무엇보다 보람된 일이었다고 생각하며
마음 깊은 곳에서 우러나오는 소리로
협조해 주시고 도와주신 여러 어르신님들

지난 시월과 동짓달이며
이달도 벌써 초순을 넘는 동안
애써 주셔서
고맙고
또 고맙습니다
오늘로서
옮겨야 할 물품은 다 옮겨놓았으니

　　가족 모두가 제자리를 정한 후다
　　동굴 입구를 가시덤불로 막고
　　준비상황을 여러 사람에게 알린다

쌀이 스무 섬
잡곡은 서른 섬
고구마 열 둥주리, 숯 스무 섬
연기 없고 냄새 없이 타오르는 싸리나무
소나무 옹이와 솔방울
삭정이에 화로용 솔가리

안쪽 공간과 바깥에 빼곡히 채웠으니
조금씩 아껴 쓰신다면
서너 달은 족히 쓸 수 있을 것이니

구들장에 지피는 불씨나
추운 날씨의 불씨에 자나 깨나 주의하여주시고
바닥의 찬기 가시게 하려
솔가리며 가랑잎
억새 갈대에 마른 풀잎 두툼히 깔았고
짚으로는 둥우리며 삼태기
멍석 엮고 남은 검불
아래에 넣어
푹신한 잠자리로
겨울 나도록 했다고 다소 우스꽝스런 자태로
한바탕 좌중을 웃기고는

옆에 있는 동이와 섶을 가리키며
음식은 간이 맞아야 제맛을 내므로

간장 된장이 각 열 동이
소금 석 섬에 김치는 삼십 동이
말린 시래기에 무청이 열 섬이나 되고
밥 짓고 국과 물 끓일
가마솥 세 개에 작은 솥은 다섯 개이며
나무 물통도 가져 왔으니

바위틈에서 떨어지는 저쪽 물을 쓰시되
눈이 오지 않거나 가뭄에 대비하여
아껴 쓰셔야 하고,

밥, 반찬 담을 그릇에 수저 젓가락은
술 담배 노름자리 대신
나무 깎아 만드시라고 끌 대패 톱 망치
옻칠에 황칠까지 마련했으므로
서로서로 도와가며 좋은 시간이 되도록 하세요

사람은 누구나 짐승고기 먹어야 힘쓰지요

올겨울을 즐겁고 편하게 나시라고
여기저기 널브러진 산고기 엮을 올무에 창 덫
넉넉히 준비했다 하면서도

　　여럿의 표정 주의 깊게 살피고
　　바깥 바람 소리에도
　　귀 쫑긋거리던 장조남은

여진족 오랑캐 걔네들
만주를 제외한 중원에서 명과 다투느라
압록강 건너 평양에서 개성 지나
한양으로 가는 주위의 크고 작은 산
들여다볼 여가가 없을 겁니다
짧은 기간일 것 같으니
마을에서 지내시듯 편안히 계시면
한겨울 산 생활도 추억이 되리라 봅니다
조총과 화승총에
활 화살 삽 낫 도끼 괭이며 쇠스랑을 챙겨

대비함이 좋겠다는 맺음말이 끝나기 전에

매사에 적극적이고 긍정적 성격인
덕삼이가 이의가 있다고
번쩍 손을 들고는
젊은 사람들이 어떻게 두 달을 그냥 지냅니까
방 서너 개 만들어
부부끼리 교대하여 쓰도록 하자는
농 반 진 반에
마음놓은 웃음소리가 동굴 가득 번지고 있었다.

제 3부

번개

흐르지 않는 물은 썩듯이 변화하는 현실을 직시하지 못하거나 다가온 복을 마다했을 때 화가 되어 돌아온다고 한다. 또한 더러운 것도 깨끗한 것도 없다고 한다. 다듬고 씻고 삶고 끓여서 만든 음식도 결국은 구린내 나는 똥이 되고 또 다른 먹거리를 생산하는 요소가 된다. 가장 옳다고 주장하는 그것이 제일 어리석은 생각일 수도 있다는 것이다.

마른번개

1

제 몸짓 따라 흔들리는 나뭇가지와 잎
휘어지고 꺾이는 물거리
휘돌리는 모습에
돌 머리 앞에서 온종일
파안대소하던 물살
아래로, 아래로 흘러
큰 돌 작은 돌의 징검다리 사이를 지나다가
질겁하듯 거품 하얗게 뿜어 물고
잽싸게 내달려가던 기세

얼음 아래 깊숙이 잠재운 겨울이 지나면서
몸이 풀리나 기대했는데
삭풍만큼이나 험하게 몰려오는
여진족 모습에서
눈뜨기 힘든 눈보라가 몰아치던 날

'명나라 군대는 오합지졸입니다
조선 역시 마찬가지
훈련된 군사나 물자는 턱없이 부족하고
사기 떨어진 지 오래인
이 좋은 기회를 놓치지 마십시오

대군大軍을 일으키면
요동 넘보는 모문룡을 사로잡을 수 있고
정통성 지니지 못한 조선의 왕
폐하고, 전왕
광해군을 복위시킬 수 있습니다
이는, 돌 하나에

새 두 마리를 잡는 효과이니
옳지 못함을 바로잡는 대의명분이 그 첫째요
명나라 정벌 시
후환을 없애는 것이 그 둘쨉니다'

인조반정의 논공행상에 만족지 못하여
뛰쳐나온 조선의 반란군
이괄 잔당의 꼬드김이 있었으니
때리는 이 없어 울지 못하던 후금後金이
丁卯年(1627년) 정월 열사흗날
아민阿敏을 총대장
앞서 항복한 조선의 장군 강홍립을
길라잡이로 삼았다.

3만 병력이 압록강을 건너니
이른바 정묘호란
유사 이래 처음인 여진족의 대규모 침략이
길을 두 갈래로 나누어

일부는 가도椵島로 모문룡을 겨누고
주력 부대는 의주를 돌파
안주에 평양 지나
같은 달 스무닷샛날
황주에 다다른 기세가 여간 아니었으나

오랑캐가 감히 어딜 하면서 방심하다가
놀란 조선 조정은 다음 날
임금은 강화도로 떠나고
만일에 대비한다며
전주로 향하는 세자의 분조分朝 길
오는 사람 반기기는커녕
임진년 난리가 언제인데 또 이러느냐며
제집 단속은 안 하고
싸움질만하더니
기어이 당한다는 백성들 자조自嘲 속에도
입춘 우수 지나 경칩에 이르면서
따뜻해진 날씨는 산과 들

눈과 얼음을 녹여내리는 힘든 몸짓이 있었고,

몇몇 꼬드김에 오긴 했으나
하루가 다르게 풀리는 날씨에 연분홍빛
진달래 망울이 돋고
이쪽저쪽의 대동강이 갈라지는 소리에
깜짝깜짝 놀라
뱀 꼬리 같은 전선 어느 한 곳이라도
조선군이나 의병들의
기습으로 잘릴 허리가 염려된 후금은

중원에서 일진일퇴하는
명나라와 싸울 병력을 더는 잡아둘 수가 없어
제비 날개에 얹혀온 삼월 삼짇날
형제의 나라가 된
조선과 후금 중
여진족은 제나라로 물러났지만
명나라를 잊지 못하는 조선은

배금排金정책 계속하는 수어청 신설에
훈련도감 어영청을 증강하고 있었으나,

언제나 만족스럽게 갖추지 못하는 국방
나름대로 잘하겠지 하는
믿음에
하루에 이틀 사흘이 지나며
봄이 오가기 몇 번
지난날 전쟁의 상흔이 아물어들고
때맞추어 비 내리고 바람 불어
논밭마다 연년의 풍년으로
격양가 울릴 정도는 아니라 하여도
태평성대려니 하는
허리띠가 느슨히 풀어질 때쯤
결코 떠올리고 싶지 않은
丙子年(1636년) 이월 열엿샛날

승하한 인열왕후 문상 사절로

용골대 마부대가 한양에 오면서
정묘년의 옛일로
등이 서늘한 조선 왕 인조仁祖는
그제야 분주히 방어대책 마련한다며
포수 뽑아 안주安州로 보내고
바람 따라 온 아랫녘 소식에 솟구친 꽃망울
산과 들이 피우기 전에
화약 더 많이 생산하려면
널리 알려야 한다고
청명한식에 다가오는 농사철인
삼월 초하룻날,

'정묘호란 때는 오랑캐와 부득이 화친했으나
심한 핍박으로 관계를 끊으려 하니
힘을 합쳐 난국 헤쳐 나가자' 는
팔도강산에 내리는 유시문諭示文을 품에 안은
파발마의 발길이
평양감영에 도착하기 전인

삼월 초이렛날

제나라로 돌아가던 용골대에 뺏겼다는
평안감사 장계에
전쟁은 피할 수 없음을 느낀
조정 중신들 평소의 호기는 어디로 갔는지
비바람과 찬 서리 눈보라 앞에 온몸을 던진
허수아비의 당당함이나 의젓함보다야

무엇이든 좋다
시린 내 잔등 좀 가려다오
해 뜨는 곳이나 달지는 뜻
내 알 바 아니라면서
미리부터 제 살 궁리부터 하고 있었으니

명분만으로 싸우자는 척화파나
힘없는 우리가 어찌 이길 수 있느냐고
하늘만 쳐다보는 주화파 모두

엉거주춤 똥 싼 바지 거머쥔 모양새에
나불거림의 입술마저 지쳤는지
닫힌 입을 좀체 열려 않고
임금과 대신들은 나무 밑에 한가로이 누워
열매가 입속으로 들어오길 바랄 뿐
준비다운 준비 하나 하지 않고
에라, 모르겠다
세월이 해결하겠지 하는
병자년(1636년)의 섣달 초열흘날이다

2
어렵구나
참으로 어렵구나
나랏일하는 것이,
폐단 하나 고치려 하면
없던 폐단이 새로 생겨나 해로움 더하니
어찌하면 좋단 말이냐
백성 위한 좋은 정치 한 번 해보려는 것이

내 손발 스스로 묶는 거나 다름없다는
임금 선조의 탄식 소리가
궁궐 안팎을 가리지 않고 예서제서 울림을 듣고

'그야 물론 이유가 있지요
위아래의 모두가 기강이 해이되어 있습니다,
나라의 장래나 민족의 앞날 따위는 아랑곳없이
나와 내 가족만 알고 있고
엉클어진 실타래마냥
긴장된 모습은 보이지 않고
너나없이 벼슬자리를 찾아 헤매면서
게걸스럽게 먹는 데만 충실하고 있습니다

명령 내려도 꺼려하며
실행하려 하지 않고
고의로 폐단이 생기게 합니다, 라고
율곡 이이가 대답했다고 하는 햇수가
벌써 30년이 넘는

丙子年(1636년)의 앞일을 하늘이 미리 알려주듯

대구에서는 황새 떼가 패를 갈라 싸우고
정월에 벼락치고
삼월에는 대동강의 오리가 떼로 싸웠으며
사월 초하룻날 청파에서는
싸우다 죽은 개구리 떼가 수없이 발견되었고
열 번 넘게 유성이 나타났는데

지난 사월 청나라로 이름을 바꾼 여진족 오랑캐
질풍노도라더니
압록강 넘어 닷새 만인 열나흗날에 이미
임진강에 도달했다는 장계에

깜짝 놀란 경기驚氣로 발칵 뒤집힌
장안이 술렁이고
짐 짊어진 남자며 머리에 인 여자들
피난 인파로 남대문이 메워졌지만

긴 담뱃대며 펄렁이는 두루마기 자락에
하늘이 까맣게 내려앉는데도

서성이는 임금과 대신들은
종묘의 위패와 세자빈이 먼저 건넌
강화도로 피신하려는 양화진 길이며
산 이쪽저쪽
겁 없이 흔들리는 팔기군 깃발을 무시한 채
넋을 놓고 내달리는 말발굽 소리에

이제야 오시느냐고
영접할 준비가 다 되어 있다며
길목, 길목을 지키는 적들 모습에
놀란 가슴 진정치 못해
허든거리는 발걸음이 헛디뎌져
미끄러지고 엎어지고
지난밤에 내린 눈이 얼어붙은
그 위에 꼬꾸라지면서

밤새 걸어서 이른 곳 남한산성
때 없이 변하는 것이 인심이라지만
밝은 날 아침에 헤아리니
따르던 그 많은 사람들이 보이지 않는다.

군사라야 만 삼천 명
잡곡은 14,300석
장담은 항아리는 220개
오십 일 버티기에도 부족한 식량을 헤아리며
낭패한 심정 한숨으로 쏟아내는 사이

한양성 안팎을 빠져나온 백성들이
강화도로 들어가는 길목인
나루터 월곶진에
하얗게 몰려들어 살려 달라고
우리는 이 나라의 민초가 아니냐고 울부짖는데
말발굽 소리가 요란하더니
계집이다

조선 계집이다, 하는 외침
채 스러지기 전

콧깃 간질거리는 오랜만의 여인 냄새에
내달려온 사나운 말발굽 아래
인정에 사정이 있을까
몰이꾼에 붙잡힌 짐승처럼 끌려가면서
차이고
밟혀
바닷물에 몸을 던지는 여인네들이
가을철 낙엽 같은 날

남한산성의 행궁 좁은 협실이다

싸우면서 지키면 되지 무슨 화친이냐고
다그치는 주장에

치욕은 견딜 수 있으나

죽음은 견딜 수 없는 것이라며

맞받아치는 한쪽 소리에도
남의 집 제사상에 배 놓아라 감 놓아라
상관할 일 아니라는 듯
임금은 묵묵부답
미적미적 미뤄온 결단에
丁丑年(1637년) 정월 초하룻날

조상님께 차례를 올리지 못하는
자신들 신세타령에
누군가가 들내쉰 한숨
바람에 날리고
연 며칠 퍼부어댄 눈에 천지가 하나로
위아래 없는 흰 빛깔인데
행궁行宮 앞 상수리나무 가지 끝
황갈색 외마디 비명의
마지막 잎사귀 소리가 애처로울 때

젊은 남정네도 오르내리기 마다할
발목이 눈에 빠지는 산길 바위 아래

지아비의 무운장구에
어린 자식들 탈 없이 자라고
국태민안 천지신명께 빌고 또 비는
애잔한 조선 아낙의 소망
발끝으로 꾹 누르며
망월대에 오른 청 태종

눈 지그시 감고 내려다본 저 아래
두더지마냥
땅속 깊이 숨어든 줄 알았던
면류관에 곤룡포 입은
조선 임금
사흘에 물 한 모금도 못 얻어먹은 듯
초췌한 얼굴로
새해맞이 망궐례 한다고

행궁 앞마당 멍석에 홀로 서서
멀리 북경을 향하여
두 팔 높이 들어
끌어내린 하늘 가슴에 안고
무릎 꿇어 절하고 있었다.

두 번째 허리 굽히려는 조선 왕 모습이
보기에 민망했던지
옆자리에 있던 용골대가
홍이포 서너 발을 날려 보낸 자리다
하늘땅을 들었다 놓는 폭발음이
산산조각으로 흩어진 행궁 주위 돌담길로
날 살려라
걸음아 날 살려라 하고
달아나는 조선 왕의 뒷모습을 좇다가

'여봐라, 포위망을 엄히 하고 공격하지 마라
게가 구멍에서 나오 듯

제풀에 겨워 곧 기어나올 거다'

느긋한 표정의 하산 길에
여유 있는 청 태종 걸음걸이 자국마다
설날 아침의 까치 소리가 스며들고
언 한숨이 봄 기리는 동토의 언덕에
휘몰아오는 삭풍이 되어
먹구름 아래 산과 들이 진저리치고 있었다.

마른벼락

1

이씨 조선 발상지인 전주
낮고 밋밋한 덕진 건지산 자락
양지쪽에 좌청룡 우백호 안산 배산이 뚜렷한
전주 이씨 시조
사공 이한과
부인 경주김씨 묘
한 폭의 그림으로 고즈넉이 자리했고
풍남동에 자리한 경기전
1592년 임진왜란 때 불에 타 다시 지은

남쪽 향한 본전은 다포식 맞배집 건물로서
두어 아름의 느티나무 그늘 아래
태조 이성계가
어진 속에 근엄하게 앉아 있는

그로부터 동남방으로 약 500m쯤 떨어져
흐르는 전주천변 아늑한 곳
조선 왕가의 시조
이안사李安社의 유적지임을 말해주는
새소리가 냇물에
녹아들어 내리던 자리
오늘은 얼음 아래 숨어들었나 보다

인적 없는 오목대 그림자가 쓸쓸하여
나뭇가지마다 소담스럽게 쌓인 눈
서설이라 하기도 그렇고
그렇다고 근심걱정으로 지새운들
뾰쪽한 묘안이 있는 것도 아님을 아는

전라도의 감영이 있는 전주 백성들
지평선에 맞닿은 금만평야에
널따란 옥구 들이 있어
거둬들이는 농산물에 해산물이 풍부하여
음식 솜씨 매끄럽고
순후한 인심이 둘째가라면 서운해 할 사람들
오늘도 끼리끼리 모여앉아
새끼 꼬고 둥주리나 멍석 엮으면서

올겨울 눈이 왜 이리 내리는지
징허게 내린다는 푸념 아닌 푸념으로
금년엔 풍년 들려나 하고
자위하다가도
때가 때인 만큼
눈앞 일들로 쌓이는 걱정에 더하여
연 사흘 빠짐없이 내리는 눈
치우지 못해 덧씌운
간밤 내린 눈으로

정강이 지나 무릎까지 빠져
시간이 멈춰버린 듯한
정축년(1593년) 정월 스무여드렛날
전라감영 아래쪽 전주의 약전거리 쪽

오가는 이가 뜸한 사이로 걸머진 괴나리봇짐에
명색뿐인 가죽신
칭칭 감은 나무껍질에
꼬락서니가 꾀죄죄한 길손 하나가
허기진 무거운 발길로
뜨거운 김이 피어오르는 길가 국밥집에서
막걸리 한 사발에
얼큰하고 뜨거운
전라도 특유의 국물 맛
섞어서 단숨에 들이켜고는
먼 길 오느라 지친 언 몸을 달래고 있는데
목로 저쪽 사내는
언제부터인가 모르게 홀로

기울인 술잔에 거나해졌나 보다

방금 들어온 사내를 불러 앞자리에 앉혀
한 잔 술을 권하고는

종묘의 위패와 세자빈이 먼저 도착한
이달 스무이튿날의 강화도에서는
싸움다운 싸움 한 번 못해 보고
되놈에게 당했다고
냅다 호통부터 내지른 뒤

난 강화도와 김포나루 오가며
젓갈장사 한다 해서
강화 김이라고 모두들 부르오만 하고는

너는 누구냐는 눈동자다

아, 나는 경기도 광주에 사오만

되놈들이 거기까지 몰려와 부녀자와 남정네
보이는 대로 끌고가므로
난을 피해 여기로 오는 길이요

전주이씨이기는 합니다만
5대가 지나도록 벼슬하는 후손이 없어
평민이나 다름없지요

아 그렇소
나도 난을 피하여 예까지 왔소만
내가 강화도 고깃배로
도망쳐 나오기 직전의 이야기인데
어디 한 번 들어보시겠소.

아, 글쎄 말이오
금년(1637년) 정월 스무이튿날
달랑 일곱 놈 오랑케가 한 손에는 방패
또 한 손으로 전마선의 노를 저어

뭍에 내려 마주한 우리 군사들

쏘아야 할 화살이 없고
칼이나 창
아예 손 밖으로 떠나 버리고
습기 먹은 화약을 어디에 쓸 수가 있겠소

결국 흔드는 하얀 깃발 따라
기어 오른 되놈들
저항 없는 갑곶나루 조선군 진지를 유린하고
사시巳時경에 다다른 성문
오시午時에 함락되었지요

고관대작과 여인들은 무더기로 끌려가고
포위된 강화부 관아의 봉림대군이
어쩔 수 없이 항복하고 말았소

강화도 잘 지키라고 임금이 보낸 감찰사

김경징, 네 이놈 영의정인 네놈의 아비 김류를 믿고
나라임 말씀 귓전에 흘리고서
부어라 마셔라 하다가
만주벌에서 낳고 자란 되놈 그놈들

제놈들이 감히 바다를 건너겠느냐고
술과 계집 속에서 놀아나더니
그리됐다고
당사자 꾸지람하듯
앞자리 사내에게 호통을 친다,

스무 엿샛날 아침 적군이 포위망을 좁혀
세자빈과 봉림대군
항복 소식을 전한 되놈들은
임금님이 있는 남한산성을 향하여
대포를 앞세운 병력으로 최후의 공격
준비하는 모습을 보고
작성한 항복 문서를 스무이렛날

건네주었다면서
두터운 목로가 깨지라고 주먹으로 내리치고는

참 망할 놈의 세상이여
어쩌다가 오랑캐에게 항복해
권력다툼도 좋지만
백성들 등 다습게 하고
편안케 해 줄 연구나 할 일이지

에이그 병신들
임진란에 그렇게 당했고
팔 년 전 정묘년에 또 당하고도
저 모양 저 꼴이니
이번에 쌩똥 좀 싸봐야 정신차리려나 하고는
막걸리 한 사발을 단숨에 들이켜며

정치한다는 그 놈들 갑갑할 '갑' 자에
답답할 '답'

폭폭할 '폭' 자야
소리,
넋 놓고 듣고 있던 앞자리의 사내

망연자실한 모습으로 걸어나오는 손엔
인주 자국이 선명한
急勤王兵出陣要望 이란 서찰이
흠뻑 땀에 젖어 있었다.

2
때가 되면 떠났던 것들이 돌아오고
곁에 있던 무언가가 떠나는 세상이치 따라
하루가 다르게 날은 풀려
보송보송한 양지쪽에 이는 바람
다순 기운을 풀어놓고
마른 나뭇잎이며 풀을 뱅뱅이 돌릴 때마다
주검 자리에 새움이 돋고
개불알꽃 앙증스런 웃음에 잠깬 산과 들

켜는 기지개에 솟는 입김
앞산 아지랑이 되어
남녘 땅 봄소식
누리에 풀어 놓는 날

어금닛소리 혓소리 입술소리 잇소리에
천지음양과 사람에 이르기까지
하나로 어우러져 만든
우리글 한글
쓰기 좋고 듣기 좋고
가슴속 이야기를 글로 나타내기 쉬운데도

선비라는 사람들은
언문 언서 반절 암클 아랫글 가갸글이라며
스스로를 낮추어 부르면서

우리글은 몰라도 사서삼경四書三經을
물 흐르듯 줄줄이 외워댐을 뽐내고

오랑캐가 올진대 내 몸소 갑옷 입고 창 잡아
어버이 나라를 위해 선봉에 선다던
얼굴 하얀 백면서생들
강화도가 점령당한 다음 날인 스무사흗날에

비아냥거림이 입가에 맴도는 오랑캐에게
허리 굽혀 목숨 구걸하는
처량함에 여기저기 돌아다보니
양반 상놈 할 것 없이
나뭇가지에 목맨 부녀자들이 부지기수다

딸과 며느리는 어머니와 한몸으로
바다에 뛰어들었고
어린 자식마저 그 뒤를 따르니
머릿수건이
연못 위의 꽃잎처럼 떠다녀
마치 연꽃이 하얗게 피어난 듯한데
죽지 못해 살아가는 여인들이

굶주린 이리들의 노리개가 되었으나
누구 하나 이들을 구하려는 자가 없었고

왕과 조정이 아직 잠에서 깨어나지 못한
丁丑年(1937년) 정월 스무닷샛날
남한산성 아래 다다른 청군은
다음 날인 스무엿샛날이 되어서야
강화도의 세자빈과 대군, 대군의 부인이며
조정 중신들 가족 모두가
포로가 되었다고 전해주는 소식을 듣고

임진왜란 때 우리를 구원한 명明나라
천자天子만이
천지간에 유일한 황제로
부모의 나라인
명을 위해서는 우리의 종사가 망해도
감수해야 한다는
명분과 의리를 숭상하는 척화파의 주장은

통곡 속에 스러지고

오랑캐와 척화斥和해야 함은 옳은 말이나
잘못 나라가 망하므로
임금은 모름지기
몸가짐을 신중히 하고 마음을 넉넉히 하여
명나라보다는 조선 백성의 운명
먼저 생각해야 한다는
현실 문제에 적극적인 주화파 주장을 받아들여

최명길 김상국 등이 작성하여
보낸 항복문서에는

'300년의 종묘사직과 수천 리의 생령을
폐하께 의탁하고자 합니다
정리情理가 가련하기 이를 데 없으니
만의 하나, 일에 차질이 생기면
목숨 끊는 것보다 못할 것이온즉

엎드려 바라옵건대
은혜로써 복귀할 길을 열어주소서'

남아있는 마지막 자존심으로
요구가 관철되지 아니하면 자결하겠다는 뜻
받아든 청 태종
큰 웃음으로 그리하라 이른 다음 날
일체의 공격을 중지하고
치욕으로 성립된 열한 개조 병자화약에

해마다
황금 일백 냥兩
백은 일천 냥
수우각궁면水牛角弓面 이백 부副
호랑이가죽 일백 장
다茶 일천 포包
수달가죽 사백 장에, 칼 종이 옷감 쌀 등
종류도 부지기수

정해진 수량을 매년 보내라는
세폐歲幣목록이다

항복의 예를 정중히 갖추는 정월 그믐날
꼭두새벽부터
어서 나오라는 용골대의 성화에

국왕께서는 용포를 입으셔야죠
아니되오

남문으로 나가야 되겠지요
죄지은 사람은 정문으로 나올 수 없소
그것도 아니되오

소리에
나서는 성문 밖
지난 해 섣달 열나흗날
피난길이 끊어져 남한산성에 들어온 후

꼭 45일째 되는 날

추리고 가린 삼천 리의 정기며 만백성의 염원을
물들인 오색실로 한 땀 한 땀
용과 봉황을 수놓은 곤룡포를 벗어놓고
이제야 정신이 들었는지
죄인이라고
나라 제대로 건사치 못한 죄인이라고

여진족 천민들이 입는 남색 옷을 걸치고
호위병 없이 아무런 장식도 없는 백마를 타고
왕세자와 삼정승
육판서에 승지 사관 등 오십여 명이
남문 아닌 서문으로 나아가는
가파른 경사에 사람 하나 겨우 다니는 길이다,

신단수 아래에 세운 민족의 자존이
어언 삼천구백칠십 년

흘린 피땀에 굳은 의지 더해서 다듬은
역사와 문화
창조의 숨결 모두를 오래도록 빛내라며
일그러진 손마디로
도가니에 녹여서 만든 면류관
아무것 아니게 내려놓은 나라님이 가시는 길
회오리바람이 눈보라를 휘몰아오고

하늘이 뿌옇게 변하면서
기러기가 풀어놓은 허공의 울먹임에
단군이 산신님인 놀란 구월산
산바람이 맨발로 달려와
옷깃 끌어내리며
잎 진 나뭇가지
가지에 매달린 눈물이 흐르고
백성들이 가슴 치는
통곡 소리
귀 있어도 듣지 못하는 조선의 임금 앞에

누렇게 펼쳐진 장막 이쪽저쪽

갑옷차림에 투구 쓰고 활과 칼 지닌 자들
둥글게 진처 옹위하는 아악 소리
떨리는 걸음으로 밟으며
이른 곳
아홉 단으로 높게 쌓은
수항단受降檀 앞에서 허든거리는 발길을

더는 어쩌지 못하고 덥석 꿇어앉는다,

움츠러드는 목 개의할 여유도 없었다
시리게 반짝이는 창칼 앞에
우선은 살아야 한다며

번데기 앞에서 주름 자랑했으니
죽을죄를 졌다고
임금과 세자 삼공육경 모두가 머리를 숙이며

죽여주십사 하는 표정으로
북녘 등진
노란용상의 청 태종에게 팔 굽혀
무릎 꿇어 세 번 절하고
이마 아홉 번 조아릴 때마다
조상님들 통곡과 만백성 꾸짖음이
벌겋게 적시는 이마를 돌볼 여유도 없었다.

범 무서운 줄을 모르는 하룻강아지가 잘못했다고
두 번 다시 그런 일 없을 거라며
맹세의 증표로, 전국옥쇄를 올리며 목숨 비는데
머리 위 갈매기가 갈기고 간
비린 물똥의 구린내가 코를 찌르고
검정 구름으로 해가 얼굴을 가리면서

지난 일은 탓하지 않으련다
용단을 내렸으니
퍽이나 다행스럽고 기쁘구나, 에

자신도 모르게 터져나오는 휴 소리로
움츠렸던 목 길게 뽑고
무릎 꿇어 머리를 깊숙이 조아리며
이제는 살았다 싶었나 보다

고맙다고
참말로 고맙다고
목숨 살려주고 담비가죽옷까지 주시니
얼마나 고마운지 모르겠다고

단 아래로 내려와 또다시 두 번 무릎 꿇고
여섯 번 머리 조아린 후에야
배타고 돌아오는 길

포로가 된 부녀자들이 절을 올리며
구해 달라 울부짖어도
내 나라 안에서 손 한 번 써보지 못하는
임금 아닌 임금이

내게 무슨 힘이 있어 구할 수 있겠느냐 고
먼 산을 바라보는 처연한 말에
흐느끼는 여인들 따라 울고 있던 왕은

소파진所波津 건너 한양으로 오는 길
헤일 수 없는 긴 행렬에
추위를 이겨낼 수 없는 옷차림인
조선의 여인네들이

임금이시여
우리 임금이시여
진정 버리시나이까,
우릴 버리고 가시나이까, 라는 절규
허공으로 흩어져 나가는 소리

들었는지 못 들었는지
육모방망이에 날쌘돌이 무예별감
어디에 두고

잡인 금한다는 시위 소리 한 마디 없이
내 나라 아닌 청나라 기병
백 명 호위로 궁궐을 향하고 있었다.

제 4부

천둥

1초에 지구를 일곱 바퀴하고도 반을 더 도는 빛이 있는가 하면 343m를 가는 소리가 있는 등 생명체의 여부를 떠나 길이 있어서 가는 것이 아니라 스스로 헤쳐 나가는 흔적 그것이 길이 되지만 지워지기도 하고 때로는 오래도록 남아있기도 한다, 역사도 그렇다 무엇을 어떻게 하느냐에 따라 명맥이 오래 유지되기도 하고 때와 장소가 달라지면 동전의 양면과 같아 양비 양시의 논란이 일기도 한다.

천고天鼓의 소리

1

12자尺 상모자락 나부끼듯
스쳐 지나는 세월의
뒤안길에 내려앉은 햇살이
다습고 환한 길 열겠지 했으나 쌓인 한
만년설이듯 녹아내릴 줄 모르는 땅

파릇파릇한 버드나무의 새 꿈에
아리랑가락이 구성지게 울릴 듯한 강변
여울목 소리가 목청을 돋우어 가면

어서 빨리
산 아래 매화처럼 깨어나라고
흰 목련의 꽃망울 쪼아대는 박새
잦은걸음 자국마다 벙그는 하얀 웃음이

뜰 적시고 동구 밖에 번지면
제 왔던 곳으로 되돌아가는 철새
허공의 날갯짓이며
꺼억꺼억 흐느끼는 까치 소리 앞세워
도성 떠난 지 45일
이제야 돌아오는 임금이 애잔스러워
서러움이 울컥 치미는 저쪽

사농공상에 양반 상놈이 없고
거리거리 활보하던 불한당 패거리며
야들야들했던 기생
맵시 좋은 재인
실실대던 방울장수 여인이 있는가 하면

품위 잃지 않으려는 듯
차림세가 그럴듯한 권문세가 마님도 있고

중년 태가 우아한 안방마님 곁
화사한 별당채 마님이 머리를 숙이고
고운 모습이 채 가시지 않은 아씨 마님이며
댕기머리의 작은 아가씨까지
굴비 엮이듯
줄줄이 끌려가며
내리치는 호된 채찍에
비명조차 지르지 못하는 허여멀건 한
서방님 도련님에 아씨 마님들
지금까지 의지하고 내세우던 양반은 없고
어제의 제 호통 소리에
오늘은 저희가 끌려가면서

쑥대강이 머리
풀어진 옷고름 사이로 솟구친 봄소식 아래

얼비치는 단속곳의 벌건 핏자국이
아는 체할 때마다
터질듯했던 아랫배의 욕망을 풀어헤친
정복자의 입가에 맴도는 미소가
삼천리를 짓밟은 며칠이 지나고
승자의 깃발이 돌아가는
丁丑年(1637년) 이월 초이튿날

이제는 조선천지 어느 곳이든 거리낌 없이
삼엄한 기치창검
투구에 갑옷
창과 칼
활과 화살통 어깨에 메고
적토마에 높이 앉아
앞길 헤쳐 가는 호위대장에
승전의 북소리
널리 울리는 별기군別技軍 따라
흩어지는 풍악소리 뒤

노란색 바탕에 꿈틀거리는 용
호위하는 신기神旗, 푸른빛 영기令旗며

대장의 사명기司命旗에
바람으로 펄럭이는 인식기認識旗 안내하느라
다부지고 날쌔게 두리번거리는 척후병
번득이는 눈길이 머문 자리
호적과 나발소리가 번지고
어보御寶 실은 말, 발걸음이 가벼워
성큼성큼 내딛는 뒤따라
용과 구름이 수놓아진 용기龍旗
부대 지휘하는 주작기
현란한 봉황기에
수어사守禦使 뒤 백마 위
황금빛 의복에 위엄을 뽐내는 청 태종
북으로 가는 길 전곶장에서

형제의 나라에서 항복한 나라의 왕이 된

배알 없는 조선의 임금은
폐하 편히 가십시오, 라고 무릎 꿇어 숙배하니
만족한 웃음 입가에 띠우는 황제에게
뒷일 염려치 말라는
친왕과 버일러들 인사가 있어
더욱 걸음걸이 가벼워진 백마가 떠나고

이틀 후인 초여드렛날
경기도 고양군 신도면 용두리
예종과 그의 계비 창능 앞에 세워진 막사에

의자 없고 남향한 윗자리에 깔린 요
임금이 들어와 앉고
볼모로 간다며 하직인사 올리는
세자와 빈궁
봉림대군과 부인은
손 올리고 허리를 굽힌
국궁의식으로

아바마마 부디 만수무강하옵길 —
절한 뒤의 손을 내리지 못하고 터지는
통곡으로 잇지 못하는 뒷말에

세자에게 작별인사하는 신하들도
기약 못할 먼 훗날이 서러워 울며 보낼 때
북으로 오르는 거리거리
무능한 정치인 때문에 끌려가며
살려달라는 수수만 명 포로들 통곡에
왜 꾸물거리느냐며
가리지 않고 온몸 내리치는 말채찍에
찢긴 몸과 갈라진 마음에서 쏟는
피, 피, 피
모진 겨울 이겨내고 가까이 와 있던 놀란 봄이
비켜서는 이월 열이튿날

다다른 임진강 판부촌板浮村에 배가 없어
이러지도 못하고 저러지도 못하면서

이틀을 머문 세자 일행이다.

평양 서윤 홍익한이 심양으로 압송되었다는
숨 가쁜 목소리에 놀라
흔들리는 나룻배로 강을 건너
오백 년 고려의 궁궐터인 만월대 주춧돌의 이끼가
파랗게 들려주는 옛이야기 더듬다 닿은
백운탄白雲灘나루
평양성 포대가 부릅뜬 두 눈에 떨리는 몸
겨우 추슬러 성안에 드니

외딴곳에 성문이 열렸는데
눈 덮인 수풀 속엔 꿩들이 자라네
맑은 물엔 저녁놀이 남아있고
모래에 덮인 어둠을 비추는 건 별빛뿐
성 울리던 북소리는 구름 밖에 흩어지고
새로 핀 꽃이 피맺힌 땅 지우니
붐비던 저잣거리 음악소리는 들리지 않네

누런 황토 속에 남은 건 가시밭뿐
옛 길가엔 무성한 쑥이려니
비췻빛 화려함이 먼지에 묻혀
언덕에 노니는 소와 양이
그때의 일 어찌 알까
가을바람 쓸쓸하니 기러기만 나는구나.

당나라 번한의 고구려 회고시가
가슴 치고 또 치면서 가야할 길 미루고
안주安州 못 미쳐 덕연에서
열사흘 간 몸져누운 소현세자다

어린 새싹이 파랗게 양지쪽에 돋아나니
새장 속의 새는 더욱 외로워도
되놈 풍속은 마음에 없고
금성의 술잔을 꿈속에서 찾네
밤바람에 날린 돌이 산과 들을 울리며
주리고 목마른 목숨을 겨우 이어가노니

인생 백 년이 눈물로 뺨 적시네.

삼월 삼짇날
중국 땅 심양에서 참살된 척화 주장하던 홍익한
절명시絕命詩 한 편이
스무하룻날 세자가 건너는 청천강
시리게 적시는 사이로

빼앗긴 것 찾기는 고사하고
잃고도 부족하여 무릎 꿇어 항복한
저 풍신들
어이할꼬 하는
살수대첩의 명장 을지문덕 장군의
노한 호통이 뱃전을 때리면서

거세게 몰아쳐오는 물결 아래
수장됐던 백만 명 수나라 대군이
우우하며 떨쳐 일어나

자기들의 옛 임금
양제처럼 당한 맛이 어떠냐며
비아냥의 입김으로 피어오르는 물안개가
앞길 가로막아
노 젓는 소리가 적막을 깨뜨려
의주의 구룡연에 머무는
스무아흐렛날 밤
외로움이 무거워 흐느끼는 물소리다.

2
닳고 닳아 끝이 날카로운 달챙이로 닥닥
속이란 속
모조리 긁어내어
휑하다 못해 뻥 뚫린 영혼의 언저리
채 아물지 않은 상처에
약속도 하여라
마음에 염장 지른다더니
으드득 하는 하느님

때 아니게 거친 봄비 쏟아붓다가
진눈개비 퍼붓는다.

그도 성에 차지 않았는지
심술난 바람이 떼거리로 몰아쳐 오고
놀래키느라
번쩍
마른번개로 내리치는가 했는데
우르릉 쾅 쾅
지축 후려 빼려는 듯한 천고의 소리
임금 인조의 머리 위에서 터지고
청나라의 마지막 행렬이
한강을 건넌 이월 보름날

봄은 봄인데
봄이 봄 같지 않은
한양과 경기 황해 강원 평안 함경도
조선인 포로 50만 명 중

팔할인 40만은 젊고 예쁜 여인이니,

아뿔싸 되놈들 악랄함이
씨내릴 데 없는 조선이 되게 하였으니
이 일을 어찌하느냐고 좁은 방
네 구석
돌고 돌아도 묘책이 없는 새벽녘

산에 걸린 달을 보니 통곡이 절로 나고
심심深深한 가슴
압록강 강물이 쓰리게 하네

몇몇 새가 어둠 쪼아낸 자리
새싹 깨우는 봄바람에
찔레꽃 웃음이 하얗게 번지며

관산의 달이 통곡하니
압록강 바람에 마음만 아프네.

조정 신하들이여
오늘 뒤에도
다시 동서로 갈라져 싸울 것인가

진달래 망울이
붉게 피우는 망촉제 울음
천리 압록강에 핏빛으로 흐르며
임진란에 피난 온
할아버지 선조대왕 두 편 시 여운이
귓가를 맴돌아
한 밤을 뜬눈으로 지새우는데

남아는 천하에 뜻을 두었으니
어이 고향 그리워하며 슬퍼하리
천풍天風에 강을 건너
나는 듯이 달리는 요동벌
지평선에 닿아 있고
높이 솟은 천상의 궁궐에서 내려다보니

이 땅은 한 마리의 개미
칭찬과 비방은
한낱 피리 소리 일레라.

전 형조판서 겸 홍문관 제학 이안눌의
천하를 호령하는 듯한 호방한 시 한 편이
요동벌을 울리던
고구려의 함성되어 가슴을 치고
고주몽의 옛땅을 찾으려는
조상님 의지로 세워진 삼각산 통군정統軍亭
기둥 하나하나
마루판 한 장 한 장에도
우렁우렁 만주벌 적시던 그때의 북소리
새겨진 무늬가 지금도 변함없어

오가는 이의 가슴을 아리게 적시고
산새며 바람
억새 갈대마저

옛 선조님의 기개를 못 잊어
조선 사람에 읍揖하는 오늘에도
허리를 공손히 굽히고 있었다.

3
포로로 앞서가며 남긴 백성들의 피며
눈물 자국 따라 디디는 발걸음
이르는 곳
그곳이 어디쯤인지 모르지만
오늘 가고
내일 가는 거기에 뜨는 해도
내 가슴속에서 붉게 타오르다가
서녘 놀로 사라지겠지

벌레 먹은 열매가 낙과하듯
천만 리 깊은 나락으로 안내하기도 하고
하늘에 뜬 별보다 더 높은 꿈
이슬에 꿰어질 때쯤

바가지 우물에서 춤추듯
사뿐사뿐 건너와
근심걱정 어우러진 뺨에 입맞춤할
바람이 내달려오면
달은 시린 빛의 한 밤을 가져다주겠지
하는, 참담한 심정을 아는지
깊지도 그렇다고 얕지도 않은 꿈에 젖는 한낮

멀리 보이는 작은 섬 위화도
가물거리는 아지랑이 속
희미한 그림자 하나가 기다려 달라는 듯
다급히 손짓하며 다가오는 모습
익선관에 곤룡포
맨발이다.

아, 어디서 본 듯한 —
그렇다
어진에서 뵌 태조대왕마마시다

무릎 꿇을 사이도 없이 덥석
손잡아 일으켜 세우며

'미안하구나 소현세자야'

골 깊은 주름의 긴 머리칼에 더부룩한 턱수염
타고 내리는 눈물 훔치기 몇 번에
미안하다는 말만 계속하다가
끝내 흐느껴 우는 소리
아가
내가 잘못했다

위화도 회군은 아니했어야 하는 건데
이제 역사의 죄인이구나,
크게는 선조님들의 옛터를 찾지 못한
나라와 민족의 반역자로
오래도록 저주받아야 하고
작게는 너희들마저

피비린내 속을 거닐도록 했으니
그것은 못난 이 할아비의 잘못이지
어찌 이승과 저승의 업보라 하겠느냐

다 지난 이야기다만 고려 공민왕의 큰 뜻은
평안도의 동녕부東寧府
함경도의 쌍성총관부 모두를 탈환하고
스스로의 삶을 개척하는 자생自生
남에게 의지 않는 자립自立
누구의 간섭도 없는
자주自主의 틀을 마련하려
나와 지용수 장군에게
삼십만 명의 정병을 주어 보내며
하늘과 땅이 맞닿은 곳
요양과 선양을 되찾도록 신신당부했었지

뒤받쳐주는
힘이 없어 되돌아왔지만

이 뜻을 이어받은 우왕 14년(1388년) 4월
내 땅에 누구도 범접치 못할 깃발 확실히 꽂아
자손만대에 물려주려는
깊은 뜻 헤아리지 못하고
한마당 꿈인 탐나는 용상 때문에
항명의 깃발로
허울 좋게 내건 네 가지 불가론

'큰 나라를 거슬러서는 아니된다
여름철의 군사 부림은 적당치 아니하고
틈새 노린 왜구가 염려되며
더운 날의 전염병이 우려 된다' 고
이곳 위화도에서 창과 칼끝의 방향을 바꿔

황금 보기를 돌같이 하라며
나라를 생각느라 무덤에 풀도 없는
팔도도통사 최영 장군과
우왕의 목숨을 빼앗고

만고의 충신 포은 정몽주마저
지금도 충절의 핏빛으로 물들어 있는
선죽교에서 철퇴로 내리쳤단다.

그뿐 아니다
백성은 국가의 근본이요
군주의 하늘이라고 일찍이 정의하면서
군사에 군량도 이제는 충분하다
옛땅 회복할 때다
우리도 중원의 주인이 될 수 있다고 외친
정도전의 목숨마저 앗겼단다.

이같이 이승에서 지은 죄로
저승에서는
신발마저 벗겨져 찾을 길 없고
용 두마리의 꿈틀거림이 살아있는 옥좌며
곤룡포나 왕관도
머지않아 남아있지 못할 거다

세자야 너는 이런 어리석음 범치 말고
백성이 곧 하느님이라는 뜻
깊이 새기고
또 새겨서 성군이 되어야 하느니라

네 비록 포로의 몸으로 가지만
포로 아닌 포로의 마음으로
자유로이 오가면서
소수의 민족으로 중원을 넘보는 청나라
힘의 근원이며
여러 문물을 체험하여라

우리가 모르는 저쪽 세상이 크고 넓다 하더라
과연 유학儒學이 타당한 것인지
사농공상士農工商은
꼭 지켜야 하는지
양반 중인 상놈 천민으로
사람 구분짓는 것이 과연 옳은지

살피고 배우는 자세를 게을리하지 말고
부지런히 다녀 보거라
앞으로의 조선이 네 어깨에 있음을 명심하여라

자, 그럼 나는 간다
새로운 조선의
성군이 되어야 하느니라

멀어지는 모습 찾아 마마 태조대왕마마
소리 높여 부르는데
가위눌리셨냐고
어깨 흔들어 깨우는 소리가 있어
눈 뜨니 해는 중천

생생한 태조대왕마마의 말씀을 곱씹고
뱃머리에 서둘러 올라
의관을 갖추고 정좌하면서
산과 들의 정든 모습 꼭꼭 접어

눈에 넣고 압록강 건너 뭍에 내리니
낯설지 않은 땅 구련성九連城이 눈앞에 있다

4

나라에 변란이 있을 때마다 혹한이 있었고
상상도 못할 기이한 일이 벌어진다는
옛 선인들 말씀같이
고려 멸망 한 해 전이다
솔개는 굶주림에 죽으려 하고
소나 말은 추워서 웅크리고 있었다, 고
어느 문인은 읊었고
모진 추위 뒤에는 따뜻한 봄이 있고
못 위에는 여울이 있으며
큰 추위도 하늘의 뜻이니 경계하라고 한
사육신의 하나인 성삼문의 말이 아니더라도
지난겨울은 왜 그리 추웠는지 모른다

고원 산간지대로서 겨울이 빠르고 봄이 늦은

평안도 함경도의 추위는 매서워
일찍이 이규보가 읊기를

'서북 추위는 손가락이 떨어질 만큼 세지만
남방 선달은 봄날 같구나' 했듯이
정이월에 삼월이 다 가도록
풀리지 않는 추위에
인가 없는 장막에서 묵는 사월 초이튿날 아침
두고 온 산천을 돌아보노라니
가슴 깊은 곳에서 솟구치는 용암이 뜨거운데

강 건너 통군정
정든 임 뵌 것 같고
나랏일 마치고 돌아오니
귀밑머리 희뜩희뜩 바뀌었네,

문득 생각 키워진
허균의 글에 눈물이 방울져 내리던 소현세자

왼쪽 눈 하나만 거두고 보내는
당태종 앞에 서서
공손히 예를 표하던 안시성 성주
양만춘의 당당함이 서린
봉황성에 기약 없이 다시 보자 손짓하며
조선인이 처음으로 벼농사 했다 해서 붙여진
답동畓洞의 초하구에 이르렀다

연산관 마천령 첨수참 지나 청석령에 이르러

청석령靑石嶺 지났느냐
초하구草河口는 어디인가
호풍이 하도 찬데 궂은비는 왠일인가
뉘라서 내 행색 그려내어
임께 가져다 드릴꼬

하는 호풍음우가胡風陰雨歌를 봉림대군이 읊고
다다른 곳은

탑 위에 올라 요동벌 천 리를 살펴볼 수 있다는
36장(약 70m) 높이로 우뚝 선
13층 하얀 탑으로 둘레의 18칸에 부처님 모신
여덟 면 층마다의 귀퉁이를 울리는
풍경소리 뒤로하고 다다른 청의 수도 심양에는

영원히 잠든 태조의 복능福陵이 있고
황궁 정문인 대청문
정전인 숭정전에 3층 누각의 봉황루
동로십왕정東路十王亭이며
열여섯 개 기둥으로 떠받쳐진 팔기군 대정전
내외성의 그림자가 지키고 있어
용틀임하는 청나라가 있음을 알게 되었다.

긴 여정 끝의 안도감과 두려움으로
객관의 여독이 채 풀리지 않은 열엿샛날

부부의 제일인 것은 사랑이거늘

만난 지 두 해도 안 되었는데
수만 리 밖에 서로 헤어져 있으니
백년가약 헛되나 보구려
쌓이는 건 못 보낸 편지요
산이 깊어 더디 넘는 꿈뿐이라
죽음을 알 수 없으니
뱃속 아이는 내가 곁에 있듯
잘 키우길 부탁하오, 라는

처형 직전의 오달재 글을 손에 넣은
소현세자
가슴속 회한으로
울적한 마음에 뛰쳐나와
연꽃에 해바라기며

사자를 조각한 탑좌 돌아가며
벽돌로 쌓아올린 13층 청동 탑에
해와 달의 불꽃을 새긴

라마교식 서탑 거리

낯익은 얼굴과 같은 말씨에 놀라
돌아보니 조선인 포로 노예시장이다

자–아 사세요
이번에 데려온 물색 좋은 조선 놈 포롭니다
단단한 이 근골筋骨
튼튼하고 야무진 체격
잘 먹여 살 오르면 천하장사랍니다
말馬 다루는 솜씨가 놀랍지요
우리말言도 곧잘 합니다
열 냥입지요
거저지요, 암 거저고 말구요

　　어처구니없어 숨 막힐 지경인데

이 여자도 구경하세요

나이는 갓 스물 툭 불거진 두 쪽 앞가슴
오동통한 엉덩이, 끝내주는 방사房事
단돈 열 냥입니다 자–아 사세요,
소리에 주위를 돌아보니
거리거리마다 조선인 포로라서

푹석 주저앉아 울고 싶은 마음으로 살펴보니
마땅히 가려야 할 곳 빤히 보이고
못 먹고 병들어
뼈와 살가죽이 달라붙은 백성들
짐승이듯 사고 팔리는 광경
쳐다보는 세자의 눈가에 핑그르 고이는
눈물 저쪽

여자 하나 구하려는 차림의 남자에게
마다하는 여인을 채찍으로 치며
온몸 발가벗겨 구경시키는 모습을 보느라
여기저기서 모인 포로들

수십 명이 웅성거리는 사이를 뚫고

광해군 때의 대북파나
지금의 서인들 하는 짓이나 무엇이 다릅니까
정작 해야할 일은 겉대중이고
감투다툼
짓거리에 요모양 요꼴 아닙니까

여보시오 세자 저하
백성 위한 정치가 이런 것이오

조선에서의 세자 대우가 아니다
여기는 낯선 땅 중국
돌보는 이 없는 조선의 세자를 향하여
눈치 살필 필요가 없는 삿대질에

팔소매 걷어붙인 사람이
이유 있는 항변이라고 다중을 제지하며 나서는데

이목구비 준수하고
건장한 체격에 힘 꽤나 쓰게 생겼다

한참이나 말없이 둘레의 얼굴들을 살피다가

여기는 중국 땅
누구 탓해 무엇하겠소
처자식 잃은 나는 여기에 뼈 묻을 몸이나
날 낳고 기른 조선을 어찌 잊겠소
못 가는 사람의 신세타령이나 들어두었다가
다시는 이런 일 없도록

세자 저하
제발이지 좋은 정치 좀 해 주세요,

오고간 왕후장상이야
후세에 기록으로 전해지겠지만
기억해줄 이 없고 역사마저 까맣게 잊을

튼실한 살붙이 없는 우리들
보나마나 앞길 뻔한 것 아닙니까

많은 사람들은
정묘년 화의 때의 속전贖錢 약속인
옷감 열 필이
돈 열 냥이 되고
어떤 사람은 수십 수백 냥까지 치른다 합니다

이렇듯 솟은 몸값은
이월 초사흗날에 조선을 떠나는
청나라 장수 용골대 마부대의 귀에 대고
첩과 딸을 풀어준다면야 어찌
천 냥을 마다하리오
능력껏 보답하겠다고 했다는 영의정 김류며

우리는 이제 부자父子 간
부르면 달려간다, 를 환송연에서 했다는

좌의정 홍서봉의 말
전해진 뒤부터라고 하니,

가슴 치고 통탄할 일입니다만 함경도 평안도
황해도의 세금은 북방 경비에 쓰고
강원도 경상도는 왜놈들 막는 데에 쓰고
충청도는 양반 때문에
거두어들일 것 없음은 다 아는 사실
넓지 못한 농토에 제일로 좋다는
경기도 전라도 쌀로 녹봉 먹고
나라살림하고
남는 돈 얼마인지 모르나
우리를 속전시킬 수 없을 것이니
그 또한 하나마나한 이야기로

방법은 단 하나
삼공에 육판서 당상관들 광속에 있는 거만의 돈
우리의 땀과 피가 아닐는지요

그 돈 모두 거둬
아는 이 없고 힘없는 백성
속전하면 아니되리까
저 여자들 짐승도 저런 짐승은 없을 것이요

사내도 다를 것이 없지요, 하물며 사람으로서
겪지 못할 온갖 수모를 견디는 것은
수구초심이라고
낳고 키워주고 자라게 한 고향
잊을 수 없어서 그런 것 아닙니까.

천신만고 끝에 도망쳤거나
가족이 찾아와 지불한 돈으로 풀려나
집 찾은 여인을
화냥년還鄕女이라 구박하고
아니 받아준다니
누구 때문에 일어난 일인데
참 기가 막힙니다.

하고는 길가의 탁자를 손으로 내리치며

효부는 제 며느리를 탓하지 않고 효자도
아이들 나무람 없이
제 허물만 부끄러워한다는데

누굽니까
그들에게 돌을 던지는 자가 누굽니까
임금입니까
조정 대신들입니까
아니면 하찮은 벼슬아칩니까

백성을 보살펴 주어야 할 책임과 의무가 있는
나라가 무능하여
아무도 지켜주지 않는 대문
밀고 들어온 야수를
가냘픈 여자들이 막을 수 있나요
힘없어 당했고

엉겁결에 당했다고 합니다

젖떼기에 이제야 겨우 걸음마 한다는
어린 자식, 어른거려 참는다는
부인이 참 많습니다

하루하루가 지겹고 힘에 겨워
모진 목숨 버리려 다잡아도
쉬운 일이 아니지요
불쌍히 여기시고
아픔 다독여주는 조치 있었으면 좋겠습니다,

포로로 끌려온 백성들의 소리가
아직도 귓가에 쟁쟁해
삼사월의 긴긴해를 어떻게 넘긴지 모르게 넘긴
세자가 디디는 발걸음의 무게가
낯선 땅에 천만근으로 달라붙어
걸음 옮길 때마다

뜨거움의 깊은 숨 들내 쉬는데

한 쌍의 날렵한 몸짓이 허공을 휘저으면서
봄꽃내가 곳깃을 간지럽혀
올려다 보니
조선에서의 강남제비다

객지에서는 고향까마귀도 반갑다는 의미
저도 이미 알고 있다는 듯
온몸으로 반기는 모습 지켜보다가
공중제비의 동그라미 크게 긋고는
점 하나로 저만치 사라져가고 있었다

천둥벌거숭이

1

꺾인 중동에 찢긴 가지의 동구 밖 느티나무에도
마파람에 안겨 봄이 찾아왔다
어둠의 세월에 몸과 맘이 얼마나 아렸느냐고
쓰다듬는 상처 자국마다 새순 틔우고
색색의 웃음꽃을 환히 피우느라
가쁜 숨결의 입김이 뽀얗게 번지면서

서럽고 한심스러울 때마다
질긴 쇠좆매가 할퀴고 간 흔적을 더듬으며

무리지어 끌려가는 포로들이
길가의 버들개지가 풀어놓는 수심가에
맥없이 흐느적이고
검은 그림자가 서럽게 멀어져가는
丁丑年(1637년)의 이월 초이튿날
한양 떠난 청 태종이 지나간 뒤였다

한겨울의 산 생활을 접는 짐을 나르고
집집마다 치우고 정리하느라
어언 닷새 지난
스무날의 멸악산 새터 마을
아직 서늘한 기운이
또아리마냥 서려 있는 멀리 산 아래
청나라 군사의 마지막 대열에서 이는
뽀얀 먼지가 왠지
이유를 알 수 없는 설움을 왈칵
쏟아내는가 싶더니
겨우내 빈집을 지키던 참새 한 쌍의

반갑다는 인사가 질퍽하면서

논밭에 거름 나르고
쟁기며 삽, 괭이 등 농기구를 손질하던
마을 사람들은 어떻게 넘긴지 모르는 봄날 하루의
저녁 끼니때가 되어서야
장태평네 안방에 여인들이 들고
사랑채에는 남정네가 모여 앉았다.

태평이 아버지 장조남이
겨울 산 생활에
협조하고 돌봐주신 데 대한 감사의 인사에
서로서로 위로와 덕담이 오간 뒤다
막걸리 잔이 서너 순배
돌았다 싶을 즈음
멀리 있는 친척들 안부를 살피려
한양에 내려갔다 온 사람들의
바깥세상 이야기나 들어보자는 말에 입을 연

사십대 중반으로 접어든 박 첨지는

말 말아요, 큰길은 물론 논밭이나
산과 하천에는 사람의 그림자가 없고
더러 있는 집이며 그 안에 있는 사람도
꼬락서니가 말이 아니더군요

작년과 금년에 끌려간 여인이 도망쳐 오고
속전으로 하나둘 돌아오면서
이리 재어보고
저리 굴려 생각해보아도
나만 당한 것이 아니다 싶은데
똥 묻은 개가 겨 묻은 강아지 나무라듯
들어서는 집 대문 앞에
버티고 선 저승사자같이 한다는 소리가

어림 반 푼어치도 없다, 아니된다
그간의 일 모르는 사람이 없거늘

더러운 몸으로 어딜 감히
하는 여인도 끌려갔다 열흘 후에 도망쳐 왔으나
내가 언제 그랬냐는 듯 천 길 만 길
구만 길이나 뛰는
시어머니 뒤 시아버지와 층층의 식구들은
상감께 이혼 상소 중이니 기다려라
점잖게 말씀하시고는
흠흠 몇 번인가 헛기침 뱉고 나면

나라님은, 어찌 그것이 너희만의 일이냐
조선 천지의 일이 아니더냐
그래 이혼했다 하자
어느 고을 누구와 사돈 되려느냐고 다잡으면
아무 말도 못하는 위인들
어린아이 달래듯 살살 타이르고는
돌아서는 등 뒤에

그러니 어느 경우에도 안 된다, 이혼은

단, 첩은 허용한다는
믿을 수도
그렇다고 믿지 않을 수도 없는
나라님 말씀 따라
홍제원 냇물에 허물을 씻고
멀리 있는 궁궐을 향하여
재생지은再生之恩에 감사드리고 돌아선
첫 걸음부터 갈 곳이 없는 거야

속이 타는지
많은 말 하느라 목이 마른지
술 한 잔을 쭉 들이켜고는

그러니 갈 디가 어디겠어
사방천지 둘러보아도 오라는 곳은 없고
이끼 파랗게 피어나는 바위머리엔
지난날 돌아보고
머리 풀어 통곡하는 물소리만

여울져 내린다 하더군

　　뜨거운 갈증이 가시지 않았는지
　　옴박지 물을 단숨에 마시고는

문전걸식도 하루 이틀, 사람대접 받지 못해
비구니 된 아무개 이야기며
첩실 된 사람
기생으로 연명하는 이
산채 찾아간 여인이 있다 하고
주모酒母가 되고
들보에 목맨 여인의 소문
타는 논밭만큼이나 갑갑한 어느 날 아침

간밤의 검은 구름이
오랜만에 비 내려 냇가를 푸르게 적시며
새싹의 함성이 둔치에 솟고
버드나무 웃음이 고샅길 환히 비추면서

오가던 신발 자국이 선명한
가리마의 고샅길
이쪽과 저쪽
앞뒷산 소나무의 가지마다
시댁이며 친정집을 헤쳐 오르지 못한
화냥년 치맛자락이
하얗게 일렁이는 모습이 마치
이제 막 깃쳐
날아오르려는 백조의 몸짓 같았으니

어느 한 곳만 그러는 게 아니었다.

마을이란 마을마다
적어야 하나 둘
많게는 십여 명으로
떼 지어 펄럭이는 죽음의 깃발 아래
자식은 어미를 부르고
죽은 여인네 안고 울부짖는 남정네의 눈물

회한으로 넘실거리고 있었으니

가는 사람도 그렇지만 남아있는 가족
놀란 가슴이 멍멍이 저려오고
낮게 내려앉은 하늘이
더는 참을 수 없다는 듯
때 없이 번쩍번쩍 번개 칼로 휘젓고
어딘가 한쪽이 무너져내리라고
우르릉 쾅
우르릉 쾅쾅 내려치고
울부짖어도
누구 하나 응대하는 사람이 없다 하더군

내 지킴은 오직 대의명분뿐
국가의 존망이야 이야기할 게 없다는
용기 가상한 홍익한이나

일의 성패는 하늘의 몫

나는 의義만 살펴간다는 김상헌 모두
미래에는 무대책
앞세운 것은 빈 명분으로
사려가 깊지 못한 언어행동
그 기개야 놀로 뜨고 지면 그뿐 아닌가.

물길이 힘겹거든 흐름 따라 가다가
어느 날인가
비구름에 얹혀져 올 일이지
부모 앞에서 생목숨 끊는 자식이 어디 있느냐며
가슴에 굵은 못 박힌 어미는
어쩌라는 것이냐고 울부짖는 여인도

짓밟히고 찢긴 그 더러운 발길
어디에 들여놓는단 말이냐
남우세스럽고
조상님 뵐 면목이 없다며
찾아온 며느리를

야멸차게 내쫒은 시어미였으니

옳고 그름의 주장도 좋지만
때와 장소에 적응할 줄 알아야 하고
내 것 잃고 뺨 맞는다고
잃을 것 다 잃었으면 정신 차려야지
그 사람들 원 참, 하는 한숨 소리
차곡차곡 어둠으로 쌓이는
박 생원의 긴 이야기가 끝을 맺고 있었다.

2
아랫녘 아니어도
산과 들을 가리지 않고
나무마다 제 살갗 찢어 새순 틔우게 하고
앙다문 입술의 봉오리 열어
꽃피우게 하는
모진 봄
휘저은 벌나비가 지나친 길목의 다순 바람

깊은 숨으로 들마셔도
밤낮 없이 불어오는 찬바람에
가슴의 응어리가 삭아내리지 않아
사월의 초순이 지나고 오뉴월이 다가와도
몸이 움츠러드는
丁丑年(1637년)의 사월 열흘날

볼모의 몸으로 끌려온 심양의 소현세자
울울 답답한 마음 알 리 없는
붕어며 피라미가 냇물 거슬러올라
논에는 풍년 심을 모판이 파랗게 손짓하고
보리 이삭이 넘실거리는 밭 가운데
솟아오른 종달이
밭두렁 둔덕마다 돋은 새싹에
반갑다 노래하는 날
새로 지은 집 심양관에 숙소 정한 소현세자
생각과 풍습이 다르고
언어가 같지 않아

아직은 의사소통이 잘 이루어지지 않는
淸과 조선의 갈등을 풀어가며
막힌 곳은 뚫고
끊긴 자리 이어가느라
덧없이 흐른 세월이 어언 2년
무언가에 놀란 듯한
갑갑한 가슴으로 하릴없이 지내던
己卯年(1639)의 여름

모처럼 여유 시간에 생각 곱씹어보니
싸움터에 나아가 화살받이 되거나
팔기군 노예로 고생하면서
마소만도 못하게 부림당하는 남정네며
노리개로 전락한 여인들
단 한 사람이라도
속전 지불하고 데려오는 것이 좋겠다 싶은
마음 작정을 단단히 하고
이쪽저쪽의 풍속을 익히는 일에 꼬박 일 년

확실하게 얻은 답은
고리타분한 사농공상士農工商에
더는 얽매일 수 없다는 것인데
때맞추어 숙식이며 경비를 알아서 해결하라는
청나라 조정의 통보가 있었다.

때는 지금이라고
여진족이 좋아하는 담배에 수달피가죽
하늘다람쥐 가죽과
화문석에 나전칠기 문어 홍삼
죽력 괴화 꿀 잣 청심원 인삼 생강 배 감
사슴꼬리 조선에서 들여와
시작한 장사
황실이며, 관련 관리에게
조선의 물품
정리로 드리는 것이오니
마다하지 마시고 한 번 써보시지요
몸에 좋은 인삼

약으로 드셔보세요 하고
선물하면서
피울 말썽을 미리 차단한 수완으로

세자관 한쪽에서
사고 판 물건값 수입이 만만찮아
한 푼 두 푼 모으고 아꼈다가 남는 이익만큼
속전 지불하고, 원하는 사람
고향으로 가게 하면서
청나라 조정으로부터
소 한 마리가 150일을 갈아야 할 농토
네 곳에 얻어
농사지을 사람은 그리하라 이르니
몰려온 사람들
세자의 보살핌에 보답한다며

새벽별에 씨 뿌려 한낮에 가꾸고
밤이슬 등에 얹고 거둔 곡식

으뜸 품질에 맛이 좋아
값은 시세의 곱빼기인데도
없어서 못 팔 형편이 되는 것을 보고

그래
바로 이거다
먹고사는 일에 있어서는 아니될 빈부귀천
선비 정신 어떻고 하는
구닥다리 사고방식 뜯어고치자며
흰쌀밥에 푸진 반찬으로, 굶주린 백성
배 채워 일하게 하고 추위와 더위
가려줄 목화 재배에
남은 곡식 창고에 쌓으면서
이웃 나라 먼 나라의 속사정을 알게 되어
사고파는 물품도 점점 많아지고
고관대작들의 비위를 맞추며 외국풍물 살피는 중에

청장 용골대가 세자의 기를 꺾으려 그랬는지

안하무인격으로
명나라와 내통한 자가 누구냐고
소란피우며 다그치는 소리에

내 비록 볼모의 신세다만
한 나라의 세자다
네 어찌 이리도 무례하단 말이냐
그 따위로 협박하지 말라는 호통으로
사과받는 담대함도 있어
모두의 흠모를 한몸에 받으면서 생각하니

먹이고 입히며 재워야 할 식솔이 많아
이리저리 내달리며 다한 최선에
나오는 한탄으로 조용히 헤아려 보니
변화하는 문물 받아들일
노력과 힘이 있어야만 헤쳐나갈 수 있는
냉정한 현실을 보았고
지금까지 덧없이 살아온 세월에서 남은 건

회한뿐임을 알게 되어
청나라와 외국과의 관계를 돈독이 하며
변하고 발전하는 일들을 보고 듣고 배우느라
열심히 노력하는 모습에

못된 시어미가 착한 며느리를 의심하고
제 발 저린 도둑이 도둑이야 하듯
반정으로 임금이 된
인조는 삼전도의 굴욕을 잊고
명을 배반하면서
청나라와 결탁하여 자기를 해하려 한다는
의혹이 낳은 의혹을 자꾸만 키워가는
심한 가슴앓이가 도져
급기야
병문안 차 일시 귀국한 세자가 돌아가는 편에
환관 김언겸을 간자로 딸려 보냈으나
하늘 우러러 한 점 부끄러움이 없는 세자는
청나라 황족들과 어울려

호랑이 몰이에 멧돼지와 노루 사냥으로
기른 호연지기 앞세워
구왕九王이 명나라 의종을 자결케 하고
북경 점령한 이자성을
산해관에서 격파하는 전투를 체험했으며

새순이 파릇파릇하고 꽃들이 가득 피는
甲申年(1644년)의 사월 스무이튿날
자금성에 꽂히는 백기를 보면서
그토록 기고만장했던
명나라 황제의 친인척과 귀족 재상들
땅바닥에 꿇어앉아
적의 흙발 아래 이리 굴려지고
저리 차이면서도 적장을 황제로 받들어
죽은 제 임금을 저주하는 모습에
제행무상의 말을 곱씹으며
진정한 힘의 의미를 알게 되었고
한 나라의 흥망성쇠와

뭇 생물의 냉엄한 생生과 멸滅
실리와 명분 사이의 허와 실을 보고 들었다

독일인 선교사인 아담 샬과 친교도 맺었다
한 사람이야
포교의 편리함을 얻고자 하고
또 하나는 넓고 넓은 세상이야기에
조선의 실리를 추구하고 모색하려는
목적이야 달라도
나이마저 엇비슷하고
둘 사이의 현실적인 욕구가 맞아떨어져
천주교의 교리며 천문학 역서曆書 대포제작 등
이런저런 이야기에 의견 주고받으며
답답했던 가슴을 열고
새 세상을 향하는 마음을 키워나갔지만
매사는 뜻대로 되는 게 아닌 것이 현실이라서

멀리 한양에서 아들을 못 믿는 아버지와

간자인 환관은 아직
발상發想의 전환을 이룰 만한 견문이 열어
유학과 사농공상 등
전래의 조선 풍습에 기초한
첫 보고서를 읽고
온몸을 떠는 오월 초이튿날이 지나
반복되기 여러 번에 의구심만 짙어지면서
말수가 적어지고 이따금 표정이 굳는
1644년 북경의 동짓달 초하룻날

천단天壇에 제 지내고 등극한 청나라 세조
흡족한 웃음을 만면에 띠우고는
이제 대사는 정해졌다
조선의 세자는 돌아가라 소리에
같은 달 스무엿샛날
북경 떠나 이듬해인 이월 열여드렛날
새로운 미래를 머릿속에 그려보며
적극적이고 진취적 긍정적인 몸짓을 안고

구 년 만에 귀국했지만
조선의 사정은 생각과는 너무나 달랐다.

오랑캐에 넋을 판 파렴치한이 되어
신하들의 인사조차 없게 한, 두 달 뒤
사월 스무사흗날 병상에 누우니
때 아닌 학질이라며
당연히 있어야 할
세자빈의 간병도 허락지 않고
이름 없는 어의 이형익의 침술로 치료하기
나흘 지난 스무엿샛날

약 한 첩 쓰지 못하고 세상을 떠나니
때의 나이 서른넷
못비 오듯 하늘이 눈물을 쏟고
청개구리 울음이 자지러져
창경궁 낙숫물이 올 수 없는 먼 길 떠나고
무지갯빛으로 잠시 비추어주던

조선의 새로운 꿈이
아홉 구멍으로
벌겋게 피 쏟으며 스러지니
역모 혐의 둘러쓴 세자빈 강씨마저
사사賜死당하면서 꿈은 사라지고

눈에 넣어도 아프지 않을 손자 셋
제주도로 귀양보내니
재롱쟁이 열두 살
큰손자 석철은 다음 해 구월
작은 손자 석린이 그 석 달 뒤에 세상을 떠나니
독한 아비요, 천둥벌거숭이
모진 할아비였다, 임금 인조는

3
올망졸망한 초가집이 삼십여 호인 마을
낮은 뒷산 소나무는 푸르고
몇 뙈기 됨 직한 논에 패여 오르는 벼

녹색이 햇살 받아 허공으로 되쏘아 올려지고
그 아래 삼사백 년은 실히 됨 직한 팽나무
굵은 뿌리가 땅 위로 솟구쳐있는

무성한 잎 사이로 자지러진 매미소리를
베개삼아 든 모정 낮잠에
한유로운 바람이 살랑거리고 지나면
짠내 풀어놓는 갈매기 날갯짓으로
내달려오던 파도가 거품 물고 모래땅에
처박혀 사그라지는 모습을 보고

주막집 목로에 내려앉던 파리가
무언가에 놀란 듯
천장으로 날아오르려다
재빨리 사방으로 흩어지고

부인과 아들 내외에 손자가 셋
이른 점심을 국밥으로 때우는 자리에

막걸리 잔을 기울이는 장조남의
푸념섞인 이야기가 좁은 공간을
여울여울 메우고 있었다.

오십 년 안에 한두 번 아니게
큰 난리 겪으면서도 망하지 않은 왕조는
아마 여기 조선뿐일 거다

충효사상을 강조한
유학 때문이기도 하겠지만
당파들이 자기네들의 집권을 위하여
임금을 지켜주었다고 볼 수 있지

지난날을 다시 한 번 돌이켜보자면
임진년 난리는 이순신이란 걸출한 장수와
각지의 이름 모를 의병
부처님의 가호로 일어난 승병과
중국 명나라의 지원으로

이땅을 지켜냈으나

병자년의 볼모로 청나라에 끌려간 소현세자가
넓은 땅 중국에서 만난 서양 문명에
비로소 머리가 트이고
심 봉사가 딸 청이를 만나 열리듯
눈이 환히 열리는
새로운 꿈을 안고 돌아온 고국에서
가슴속 생각 한 자락
펴지 못하고
임금인 아버지에게 독살당했으니

하늘의 흰 구름이 지나가듯
세상만사란 머물지 않고 흘러가는 것이라
기회란 한 번 지나치면 오지 않는 것
오는 복 받아들이지 못하면
화禍 되어 돌아온다는 옛말과 같이
앞으로의 조선은

좋은 일보다 궂은 일이 더 많을 것 같다

4
살아있다는 의미는
먹고
휴식을 취하고
가족과 삶을 즐기면서도
생각에 대한 연상聯想으로
끝없이 움직이고 살펴보아야 하는
과정 속에서
생명을 연소시키는 것이라고 할 수 있지만

볼과 귀를 삭풍이 떼어가려 하고
쌓인 눈이 발길 가로막으면
조용히 때를 기다리는 수밖에 없지

정축년(1637년) 이월 초이튿날
한양을 떠난 청 태종이

심양을 향하는 길도 만만치 않았으니

군사들이 앞길을 열면서
눈 치우고
얼음이 미끄러운 곳에는 모래와 흙을 뿌려
황제의 귀향길을 편케 한다지만
고양군과 파주군을 지나
얼음이 녹아내리는 임진강에 배 띄워
건너는 것도 쉬운 일이 아니라서
바람같이 내달려 올 때보다 시일이 많이 걸리면서

개성 지나고 예성강을 건너
펼쳐진 연백평야의 평지를 달려
멸악산 아래에 다다른 것은
열흘이 지난 후였는데

백천의 온천물에 지친 몸을 담근 다음 날
백마에 올라

떠오르는 햇살에 황금빛을 발산하는
청나라 황제 태종의 모습을
멸악산에서 내려다보는
장조남과 이십여 명의 남정네들

당장이라도 산 아래로 달려 내려가
멱살잡이라도 하고 싶은 마음을 억누르며
빈주먹을 쥐었다 풀고
풀었다 하면 또 불끈 쥐어 보지만
달리 도리가 없어
거친 숨결만 씩씩거리고 있었다

자 이제 우리도 시작해 볼까 하는
장조남의 말이 끝나자
좁은 공간에 젊은이가 두 줄로 열지어 마주섰다

자, 가장 기본인 품 밟기에 앞서 이야기하지만
품 밟기란

품品자 모양으로 발을 딛는 것으로

첫째 : 한쪽 다리의 오금을 구부리며 체중을 옮기는데
이것을 굼실이라 하고

둘째 : 다른 한쪽 다리를 내디디며 남은 다리의 오금을
편다. 이때 아랫배를 내밀고 허리를 젖히는데 이
것을 능청이라고 한다.

이어지는 셋 넷 다섯 번째의 요령
다시 한 번 강조하지만
굼실은 실實이요 능청은 허虛로서
서로 이어져 감을 잊어서는 아니되며

방어는 상대방의 공격을 피하는 것이 아니고
즉각적인 되받기다
맨손으로 하는 우리의 택견은
창과 칼인 적의 무기를 이겨내기 어려워
봉술도 같이 활용토록 하였으니

잊어서는 아니됨을 명심하기 바라네

날씨는 춥고
쌓인 눈과 얼음이 녹아내리지 않은 정월 하순
조선 임금이 일찍 항복하고
중국을 염려하는 청 태종의 귀환이 빨라
장조남이 알고 있는 택견이나 봉술
다 알려 주기에는 시간이 부족하였다

사람 이십여 명으로
정예군과 대적할 수도 없어
치고 빠지는 기습공격을 감행하기 위하여
끝 행렬인 청나라의 구왕九王이 한양을 떠나
스무날경에 멸악산 아래로 지나가고
이어지는 기다란 행렬의
포로들을 구하기로 목표를 정했다

달빛이 어슴푸레한 이월 스무 사흗날 새벽

스러져가는 서너 개의 모닥불 주위를
삥 둘러앉아 있으면서
손과 손, 발과 발을 얽어매어 도망칠 수 없는
조선인 포로들
백여 명은 실히 되어 보이고
그 주위로 십여 명의 청군이 졸린 눈으로
이들을 감시하고 있는 사이로

검은 그림자 몇몇이서 달빛과 달빛 사이를
넘나든다 싶었는데
되놈들의 신음소리가 들리고
놀라 소란해지는 포로들을 향하여

쉿 조용히들 하세요
우리는 여러분들을 구하러 온 사람들이요
잠시만 기다려 주시지요

누군가가 달려와 손과 손을 엮은 줄을 끊고

발목의 새끼를 칼로 자르고
착 가라앉았으나 날카로운 소리로
자, 빨리 이쪽으로 오세요, 했으나
많은 여인들이 움직이지 못하고 있음을 알고

달려온 사내에게 귀를 손으로 가리키니
여인들의 귀와 귀를 끈으로 이어 놓았음을

멍하니 쳐다보는 사내에게
우리는 도망치다 붙잡혀 몽둥이로 맞고
귓불에 구멍 뚫어
이렇듯 이어놓아 꼼짝 못하고 있다는 끈
칼로 자르고 재빨리 사라진 얼마 뒤

여기는 되놈들이 지나는 길에서 오십 리가 되는
평산군의 주지봉이라는 산입니다
황해 바다와 가깝고
지세가 험할 뿐 아니라

이처럼 넓은 공간이 있는 줄 모르는
갈길 바쁜 청나라 놈들이 오지 않을 곳이니
안심하고
우선은 푹 쉬십시오

조 수수 고구마와 약간의 쌀과 보리가 있습니다
아껴서 잡수시고
기력이 회복되시는 대로 집으로 돌아가세요
저희는 한 사람이라도 더 구하러 떠나야 합니다

누가 먼저였는지 모른다
이삼백 명은 족히 됨 직한 사람들의
와 하는 함성에 여명이 트이고
붉은 놀이 동녘 하늘가를 적시고 있었다

이렇게 하여 구해낸 포로가 천여 명
멀어져가는 행렬을 더는 쫓아갈 수도 없고
우리 측에서도 죽고 상한 자가 많아

중단하고 돌아왔다만

소리와 소리가 꼬리를 물고 퍼져나가
황해도 감영이 알고
나라에서도 알게 되었나 보다

임진왜란 때의 이야기다만
들리는 바에 의하면
이순신 장군도 주위의 시기와
임금의 좁은 소갈머리로 공을 이루고서야
살아남을 수 없음을 알고
노량해전에서 갑옷을 입지 않고 싸워
스스로 목숨을 버렸다는 풍설이 낭자하고

의병을 일으킨 홍의장군 곽재우도
왜군과 싸우는 족족 이겼다는 기록을 세우고도
그것이 결국
자신의 목숨을 온전히 하기 어려울 것임을 알고

벼슬을 사양하고 초야로 돌아갔다 하는데
하물며 내가 이룬 자그마한 공이
우리 가족의 앞날을 보장할 수 없음을 알았지

내가 젊었을 때 봉술과 택견을 가르쳐주신
인왕산 무이無以 스님도
나의 관상과 사주팔자를 풀어보더니
큰 뜻을 품지 마라
그것이 너에게 해를 줄 수 있다고 당부하면서
있었던 좋은 일도 덮어두라는 말씀이
새삼 생각키워져

율도국聿島國의 정철 장군을 만났던
저간의 사정 털어놓는 장조남은
식구들을 주-욱 둘러보고는
낮말은 새가 듣고 밤말은 쥐가 듣는다고
숨기고 예까지 온 것을 이해하라며
몇 번인가 눈 깜박이고는

막걸리 서너 모금 들이켠 뒤에야

신출귀몰하는 둔갑술을 익혀
못된 중들 재물을 거두고
부잣집의 남는 먹거리 가져다가
없는 자에게 나누어 주던
홍 판서 댁 서자 활빈당 당수
홍길동이가 그 나라의 지도자더구나

이야기를 들어보지 않아도 다 안다면서
두 말도 필요 없이 오라는 거야
넓고 기름진 땅 순후한 인심
양반과 상놈은 물론 적자에 서자가 없어
타고난 재주를 마음껏 발휘할 대동세상이라며

정철 장군 스스로가 자진해서
오늘 오 시午時
전라도 부안의 곰소 항에

배를 댄다는 거야

잠깐 숨을 고르느라 물 한 모금 들이켜고는

무슨 낌새를 어떻게 알았는지
육방관속들이 들락거리고
우리를 이상스럽게 보는 표정을 다들 보았지

잠시 감은 그의 눈에 지난일이 떠오르나 보다

관향은 인동仁同이며
할아버님 함자는 한 일一 字에
상서로울 서瑞 字이시며
아버님은 말 두斗 字에
일만 만萬 字 쓰셨다고 합니다

외가는 동래정鄭씨에
외조부님이 학 학鶴 字에

봉우리 봉峰字 이시고
친가와 외가 모두
본인이 젖먹이 시절인 임진년의 난리 때
화를 입고 돌아가셔서
저의 기억에 남아있는 게 하나도 없습니다

아, 네 그러시군요
할아버님은 시임 좌의정이셨고
아버님은 홍문관 교리셨지요

저희도 황해도 감사도의 분부 있어 왔습니다만
오늘은 이만하고 필요 있다 싶으면
다음에 또 찾아뵙겠다고 인사하는

자칭 황해도 감영
형방刑房이라는 앞자리의 사내
말씨야 공손했지만
날카로운 시선은 흔들림이 없었지

이런 일을 세 번이나 더 당할 때마다
휴 하고 한숨을 내뿜던 일
엊그제같이 떠올라
온몸에 진땀이 흐르는 장조남은
두어 번의 밭은기침 뒤에

어지간하면 여기 조선 땅에 머물면서
지난날의 아픔을 씻고 새롭게 출발할까 했으나
선조 임금 때부터의 당파 싸움 때문에
우리의 앞날이 지극히 염려되었지

불안감이 때때로 등줄기를 타고 흐르는데
처음에는 동인 서인 하다가
동인이 갈라져 남인에 북인 되고
서인은 노론에 소론이 되는가 했으나
사분오열이라더니 갈라지고 찢어지며
탁남 청남에 대북 소북
이름도 흉측한 골북 육북에 중북

훈서 청서가 있는가 하면
원당 낙당 산당 한당이라는
헤아리거나 이름 외우기도 어려워
희망을 잃었단다

우리도 새 천지 찾아
지난날의 마음속 근심걱정을 털고
여생이나마 걱정 없이 지내고 싶은 마음과
너희의 미래를 생각하여 결정했다며
긴 한숨 뿜어내는 사이로 누군가가

아, 저기 하얀 돛단배다

외치는 소리에
오십대 중년의 장조남 정선녀 부부는
지난날을 탈탈 털어내듯 몸의 먼지를 털고는
애써 찾은 어머니의 유골을 안고
아들 태평이 내외와

손녀 덕이의 남동생과 여동생까지 셋이서
아득한 저쪽 세상을 향하여 오른 배가
낯선 곳으로 향하는 길이 즐거운 모습이다

이제 막 썰기 시작하는 바닷물 가르던 배는
갈매기 날갯짓에
황포돛대 바람에 내걸고 내달리고 있었다.
대동세상 율도국으로.

제 5부

타오르지 못한 횃불

병자호란이 있던 1636년을 상고해 보건대 그해의 미국에서는 오늘의 세계 일류대학이라고 자타가 인정하는 하버드대학이 설립된 해다. 병자호란 때 볼모로 끌려간 소현세자가 중국 북경에서 만난 독일인 신부 아담샬로부터 익힌 天文, 算學, 천주교에 관한 서적과 지구의 천주상을 가지고 귀국하여 아버지 인조에게 죽임을 당한 1645년은 일본의 명치유신이 움트기 시작한 해로부터 200년 전 이었음은 우리에게 무엇을 시사하는 걸까. 인조의 뒤를 이은 효종이 추진한 북벌계획의 허와 실을 더듬어 보느라 작자미상의 『허생전』을 각색脚色하면서 오늘을 조명해 보았다.

타오르지 못한 횃불

1

해야,

붉은 해야

지글지글 끓는 붉은 해야

이것저것 가리지 않고

그냥저냥 지나치면 어떠하리

눈 뜨고 보아도

어둠

눈 감고 보아도

어둠

손 벌려 다가가 보아도
어둠만 잡혀
깊은 숨 몰아쉬고 가슴 열어젖혀보지만
세상은 온통
어둠뿐이다

반딧불이마저 사라진 언덕에
해야
붉은 해야
지글지글 끓는 붉은 해야
이것저것 가리지 않고
억만 년 그렇게 눈 감고
귀 먹고 입 막아 지내봄이 어떠하리,
라고 흥얼거려도
뚜벅뚜벅 걷는 세월의 걸음을 누가 막으리

소현세자가 이승 떠난 지 오 년 뒤인
일천육백사십구 년 己丑 年

병자호란으로부터 열세 해가 되는 때

왜국의 침입과 오랑캐의 난을 겪으면서
불탄 궁궐 자리
화려함의 위용은 간곳이 없고
아무렇게나 나뒹구는 숯 조각
널려 있는 깨진 기왓장
사이의 주춧돌과
이름 모를 잡초를 돌아보며
누군가가 부르는 어둠의 노래에

사람 이하의 사람 대접을 받으며
때 없이 끌려가고
얻어터지고
발길로 걷어차이면서 치솟는 분노에
터지는 울음마저
마음놓고 풀지 못해
옅은 바람에도 삶이 진저리치던

오월 초여드렛날

형 임해군에게는 사약
어린 동생 영창대군을 뜨거운 방에서 증살하고
계모인 인목대비를 서궁에 유폐한
임금 광해군을 폐하고 만승의 자리에 올라
청 태종에게 항복한
이조 제 16대왕 인조仁祖가 붕어했다
같은 달 열사흗날
왕위 이은 둘째 아들 효종孝宗은
아버지 장례문제로
백성들의 삶을 걱정할 여가가 없었고

이일저일 챙겨본다고는 하여도
되는 일도, 그렇다고 아니되는 일도 없는
팍팍하고 막막한 세상살이
난리 전이나 다를 게 없는 오늘
임금의 죽음을 알리는 천아성 소리며

새로이 등극한 자에게 보내는 천세의 외침마저
잇지 못하는 하루 세끼
배고픈 백성에게는 한낱 사치였으니

달리는 세월이 추석을 안고
찬 이슬 내린다는 백로 그마저 훌쩍 뛰어넘어
다가온 추분의 미소
스치고 지난 자리
논과 밭
봄 가뭄 여름의 천둥번개와 태풍에 폭우
무던히도 이겨낸 오곡이 뚱실뚱실 여물었지만
그림의 떡이라 했던가

이곳저곳 기웃거려 보는 백면서생들
여러 번 응시한 과거에도 찾지 못한 벼슬길에
춥고 움츠린
겨울 선비가 모여 산다는
팔월도 중순이 지난 한양의 남산 아래 묵전골

때 아니게 찾아온 찬바람이 온몸 휘감는
밤마다의 귀뚜리며
애잔한 풀벌레 소리에
산과 들 나뭇잎이 벌겋게 물들면서
익어가는 백과百果의 향내
풀잎에 얹혀져 차가운 이슬로 뒤척이는 밤이다.

2
입이 양귀에 걸린 듯한
저 웃음
햇살 하얗게 쏘아올리는
저 웃음
나뭇가지 끝에 매달린
저 웃음
이 계절에 누구를 기리느라
저리도 환한 웃음 띠우고 있나 하고 보면

겨울이 깊어짐은 봄이 와 있고

어둠이 짙어짐은 새날이 밝고 있음을
소리 없이 알려주는
산속 계곡가의 열자 크기 실히 되는
함박꽃나무는 알고 있었나 보다고
중얼거리는데

때 없이 이는 매운바람을 온몸으로 안기에는
힘에 부친 바람막이
싸리나무 울타리가 허술한 두어 칸 초가집
한쪽으로 비스듬히 쓰러져가는데
주인은 무엇을 하고
출신 내역에 이름조차 알지 못하면서

지나는 사람들이 막연히 부르는
허 생원許生員 댁에도
꽃향기 지나친 자리마다 솟은 연초록빛
봄 그림자가 짙은 여름을 풀어놓아
잎사귀가 나풀거리며

말없이 감싸안아주는 서너 아름
느티나무에서 내지르던 매미소리는 멎고
바람이 숨죽인 사이
잎의 수런거림이 일시에 멎는
6자尺×9자 작은 방에
집주인과 건장한 체구의 사내가 마주 앉아보는데

천장에 닿은 한쪽 벽면의 책은
부풀어오른 갈피의 손 때
색깔만큼이나 허술한 집주인의 의복 너머
보이는 손자병법에
손님의 시선이 머무나 했으나 이내
다른 쪽 벽에 펼쳐놓은
제갈공명의 팔진도八陳圖에 있는 돌멩이가
꿈틀꿈틀 살아 움직이며
금방이라도 풍운風雲을 일으켜
위나라 조조의 넋을 빼앗는 듯한 모습
지켜보는 잠깐 동안

등허리에 서늘바람이 맴도는 훈련대장 이완

겉이야 평온해 보이지만
보이지 않는 힘과 힘이 맞부딪치는 내면의
깊이를 알 수 없는 소용돌이 속
검은 장막 드리운 긴장을
일시에 찢어발기려는 듯 어둠을 뚫는
한 점 빛줄기가 흐르는 다습고 정겨운 소리

'정묘, 병자년의 치욕을 씻겠다는
조정의 뜻
내 알았으니 긴 말 하지 않겠습니다.'

마주앉은 두 사람
부딪친 눈과 눈의 불꽃이 곧추서며
덩달아 꼿꼿한 등잔불 저쪽
긴장 탓일까
이야기 듣고자 하는 사람이

몇 번의 밭은기침 뒤에야 아는 채 하는 집주인은

'중국의 후한 삼국인 촉 위 오나라 시절의 촉나라
소열황제인 유비劉備를 도와
솥 떠받드는 삼각 지주
정족지세鼎足之勢로 천하를 가른
와룡 선생 같은 분을 천거하려니
현 임금께서 옛일 본받아
삼고초려三顧草廬토록 할 수 있소'

천만 근의 무게로 가슴을 짓누르는 이야기가
끝남을 기다렸다는 듯
누군가가 익히는 밤 검술劍術로 찢긴
허공의 외마디 비명에
낯빛 변하는 앞사람에게

'걱정 마오, 곁에서 나를 돌봐주는 사람이요
무예로 따진다면야

그 옛날의 관우 장비 못지않으나
내 부름 없이는 가까이 오지 않을 것이요'

아무렇지도 않은 일상처럼 말하지만
쏘아보는 눈길
상대방의 얼굴에 꽂히는
감이 범접치 못할 낮은 목소리
중압감에 눌렸음인지
오래도록 붙박이로 있던 불빛 너머 벽
고개 숙인 그림자가
벌떡 일어나는가 했으나
목구멍 너머 기어들어가는 소리로

'어려운가 합니다'

'어렵다 '

그러리라 생각하고 있었다는 뜻인지

상상 밖 이야기로 실망했다는 건지
심드렁한 대답에

'예, 어렵겠습니다'

'임금이 신하를 부를 때는
교지敎旨로 뜻을 전하는 것은 오랜 관습이죠
초야의 산림처사山林處士는 물론
길섶 풀 한 포기까지 전하의
은덕이 미치거늘
주상께서 어찌 신하의 집을 찾아
허리를 굽힐 수 있겠습니까
이는 불가합니다,
다음 이야기를 듣고 싶습니다'

순간
불빛이 바람에 흔들린 탓일까
눈 가장자리 근육이 파르르 떨리면서

신음 같은 밭은기침 두어 번에
일제히 들고일어나는 뒤란 대나무 숲
우우하는 술렁거림
이어가는가 하면 끊어지고
끊어지듯 이어가는 밀물의 파장 같은
만 근 무게가 방안 분위기를 짓누르고 있었다.

은銀으로 산을 이루고
쇠로 어둠의 벽을 쌓아올린 것 같은 바깥이
순간적으로
쥐 죽은 듯 고요해지더니
마치 백만 대군이 나아가는 길을 밝히듯
밀려오는 불빛
누군가가
하나 둘 셋 —
헤는가 싶었는데
한눈에 보아도
불다운 불이 아니라고

관심 끌어보지 못한 개똥벌레 불이다

꽁무니에 불을 켜고 무리지어 오느라
더는 헤일 수 없이
사방팔방에서 몰려오는 모습들
흔들림 없는 대오를 이루고
간절히 바라는 무언가를 빛으로 말하는데

만나지 말아야 할 사람에게
해서는 아니 될 말 하였다 싶어 망연자실
우두커니 된 앞 그림자가

'난 두 번째라는 것을 모르고 있소'

하고는 다시는 열지 않을 듯
입술 앙다물고
몸 비틀어 돌아앉아도
일어서지 않는 상대방을 지그시 응시하는

서로 간에 밀고 땅기는 신경전 때문일까
심하게 흔들리는 등불이
개다리소반에 얹혀진 김치 한 종지
종발 두 개에 담긴
막걸리에 어둠과 밝음이 수시로 교차토록 하는
밤 사 경쯤

잠들어야 할 시간에 잠들지 못하고
갈자리와 흙벽 틈새 사이로 끼어든 어둠
풀어헤치는 밤벌레며
먹이 찾는 삶의 날카로운 소리에
퍼뜩 정신이 들었는지

'한 말씀 더 들려주시지요.'

길게 홰치는 새벽닭 소리에
청탁은 받아보았으나 한 일이 없어
자존심 깔고 앉아 다시 간청하는

어영대장 이완

윗니에 눌린 자국이 선명한 아랫입술
지긋이 열어
마른 논에 물줄기 돌려놓듯
막걸리 한 잔 털어넣는
40대 중반의 사내가 반쯤 뜬 눈 사이로
흔들리던 불빛이 바로 서며
좀체 트일 것 같지 않던 이야기의 물꼬가
열린 수문의 물줄기같이 잔잔하나
약하지 않은 힘으로 쏟아내려나 보다고
기대하는 눈망울이 선명하다

'그럼 내 한 가지 더 이야기하리다'

함경도 평안도에 흩어진 망한 명나라의
장수와 후손,
그들에게 종실의 딸을 시집보내고

공 있는 자에게
백성의 원성과 눈물과 한숨으로 만든
대신들 곳간마다 그득한 금은보화
나누어 줄 수 있겠소.

잔잔해진다 싶던
문밖 바람 소리가 세차게 거칠어지며
상상을 뛰어넘는 뇌성벽력에
찔린 정곡의 아픔으로 멀거니 쳐다보다가
숙인 고개를 쳐들지 못하던 어영대장 이완은
숨을 길게 내뿜으며

'여염집도 마다 할 일을 종친의 규수라 하시니
응하지 않음은 불을 보듯 빤한 것
그 또한 어렵겠다' 고 말끝을 흐린다

또 한 번 움츠러드는 상대방 어깨너머
천장 저쪽 먼 곳을 응시하며

아, 아 하늘이 내게 때를 주시지 않는구나 하듯
깊은 숨 들마시며
죄 없는 재떨이를 대통으로 후려치고는
장탄식 뿜어내던 허 생원
맥 풀려 비틀거리는 걸음걸이 같은 말투로

'천하대세를 논하는데 쉬운 일이 어디 있나
자네나 나는 이미 각오한 바 아니던가
산이 가로막으면 길로 열고
물이 있어 건너지 못하면 다리를 놓고
끝없는 도전과 용기로 헤쳐도
이룰까 말까 할 대업
이것도 어렵고 저것도 아니된다면
차라리 감나무 밑에서 입 벌리고 있지 그래'

이때에 이르러서야 목소리에 힘이 실린다

'할 수 있는 게 무언가

어영대장이면 종이품從二品 아닌가
무엇하러 날 찾았나
하릴없이 되놈들 속국으로 지내거나
물 건너 왜놈에게 의지하여 편히 지내지 그래'

존댓말이 어느 사이 해라로 변하면서
표정 사나워진 얼굴의 눈동자
뜨거운 불길이 이는 듯 형형해지더니
사뭇 아랫사람을 꾸짖는 조다

'그럼 마지막으로 하나
제일로 쉬운 일 어영대장이 할 수 있겠나'

절망의 그림자가 이마를 스쳐
더는 바랄 것이 없음을 이미 알았고
지나는 말로 해본다는 그런 음색이지만
지푸라기 잡는 심정의
물에 빠진 사람처럼

어영대장 이완의 귀는 더욱 쫑긋해지고
조용하나 당찬 소리로

'원컨대 듣고자 합니다' 한다

정축년 정월 그믐날 한강변 삼전도에서
전 왕 인조가 청 태종에게 삼배구고두 한 이후
되놈 채찍 아래 찢기고 터진 상처가
덧나는 여인네의 기막힌 아픔
천지 사방에 풀어놓듯
산짐승의 울부짖음이 그리 멀지 않게
이따금씩 장탄식 같은 음성으로 들려오는 사이로

'박학다식하고 유능한 자제를 선발하여
머리 깎고 되놈 옷 입혀
저들 학문 배워
벼슬길에 나아가게 하고
장사꾼으로 멀리 강남까지 보내어

청나라의 허실을 염탐하는 일방

이십만 명이 넘는
백제와 고구려의 유민을 당나라가
운남 호남 호북 안휘성의 깊은 산속이나
사람이 살지 않는 곳에
무더기 무더기로 갈라놓아
서로가 서로를 누구인 줄 모르고
창과 칼로 싸우며 적대시함을 풀어 이르고
동족 간의 유대를 강화하면서

지방 호걸들과 친분을 맺게 한 후
힘을 축적케 하여
우리라고 못할 것 없는
고구려 이후
잃어버린 옛땅을 되찾으며
중원에서 천하대세를 꾀함은 묻
수치도 씻을 수 있을 텐데

어때, 해 보겠나'

산 넘어 산이라더니
말씀이사 어디 하나 틀림이 없고
사리에 어긋남이 없다
그렇다고 불가능한 것도 아니다
적을 알고 나를 알기 위한 당연한 일
어영대장 이완의 등허리에 서늘함이 흐르며,

허 생원에게 지은 죄 없고
어느 누구에게 잘못한 큰 허물이 없어도
송골송골 맺힌 이마의 땀을 훔치며
리에 궁리를 더해도 뾰쪽한 수가 없어
목 모기같이
겨우 어 기어드는 소리로
소리가
'잘 아시는

저희 조선은 개국 이래 숭상한 유학儒學으로
몸을 삼가하고
체면과 명분을 중히 여기는 사대부라
청나라 사람을 되놈이니
오랑캐라 적대시하는 때에
누가 우리 옷 벗은 몸에 호복을 걸쳐
호지로 기꺼이 들어가
기약 없는 시절 내내 그들과
더불어 지내려하겠습니까' 하는 소리
허공에 박힌 멍한 눈동자가
겨우 추슬러 한다는 한 마디가 끝나기 전에

때맞추어 이르러 무리 이룬 반딧불이
수천수만이
남산의 푸른 숲을 뒤덮으며
소리 없는 함성
온몸으로 부르짖는 내용
제몸의 불빛으로 환히 새겨

어둠이 짓누르는 장안을 밝히고 있는데

끓어오르는 분노를 삭이려는 듯
가쁜 숨소리를 내어뱉기 한참 후에
싸늘하게 식은 막걸리
한 종발을 벌컥벌컥 들이켜는 주인이다

3
싸가지를 열두 발이나 늘어놓아도
될 성싶지 않은
저 오사허고
혀빠져 죽을 오사리 잡것들
외롭고 괴로울 때만 찾는 하느님
외롭고 괴롭지 않으면 찾지 않는 하느님
그나저나 살다 보면 찾게 되는 하느님
찾다, 찾다 지친 어느 날

큰 집에서 불이 났을 법한 자리

크고 작은 섬도 그에 못지않지만
아끼고 삼가해서 지성으로 보살피는
지켜야 할 의지가 없다면 고기는 고사하고

병자호란 때의 삼전도에서 있은 삼배구고두
다시 또 하면서
고구려의 옛땅 찾기는 어려워지고
엉덩이 붙이고 앉아 있으니 제법 큰 줄 아는
손바닥만 한, 작은 땅덩이
그마저 놈들에게 빼앗길지도 모르지.

신라 장군 장보고의 호령이 귓가에 생생한
남쪽 바다는 또 어떠한가
우리의 농산물로 먹고사는 대마도對馬島의
국적 없는 백성들
좋은 글과 예절로 어르고 달래어
문화와 풍습을 가르치고
우리 것으로 만들어야 하는데도

관리할 줄 몰라 버려져있지 않나

멀리서 첫새벽을 여는 닭
홰치는 소리에 놀란 허 생원이다
눈동자가 허공을 응시하더니 이내
내뱉는 밭은기침 두어 번에
허리 곧추세워
술잔에 남은 막걸리 한 모금 빨아들이고는

지금도 늦지 않았단 말이네

그림 같은 다도해는 어떤가
오래도록 보존할 뜻은 있겠지
신라 진흥왕 때의 장군 이사부가 정복했다는
동해의 울릉도와 독도
오가기가 불편하다고 방치하면
그냥 놓아둘 것 같은가
왜놈들이 필시 제 땅이라고 우길 거야

한가로이 당파 싸움이나 할 때가 아니야.

겨울에도 얼지 않는 포구를 원하며
호시탐탐 넘겨다보는 러시아는 어떻고
하다가 부아가 끓어올랐나 보다
벌떡 일어나
정신 차리고 두 눈 부릅떠도 부족한데
소위 사대부란 어떤 놈들인가

되지도 않은 팔자걸음에
책상물림 따지고
출신지에 따라 다르고
물보다 진하다는 핏줄로 엉기며
두서넛만 모여도 패거리 짓고
윗자리 올려다보면서 저희의 뿌리를 잊고

제 나라 글
한글은 버려두면서

공자에 맹자 사기 춘추를 줄줄이 외우며
땀 흘림 마다하고
두루마기 자락 날리며
산과 강 찾아 때없이 즐기는 풍류놀이에
바지저고리를 흰옷으로 해 입으니
논밭의 풀을 뽑아
곡식 가꾸고
자식 올바로 키워야 할
여인들은 사흘이 멀다 하고 빨래하니
빨리 해진 옷
깁고 꿰매고 다듬질하느라
시간을 낭비하지 않는가

성인의 사내가 머리 감고 빗질하는
불편만 있고 이로움이 없는
머리 묶어 트는 상투가
우리에게 가져다주는 것은 무엇인가,
그것이 남만南蠻족을 흉내낸

방망이 상투라는 것이네

숨 고르는 것인지 잠시 허공을 응시하고는

나라가 강해진다면야 하고
중국 조나라 왕은 호복을 기꺼이 입었고
한나라의 한신은 불한당
바지 사이를 기어 나오지 않았나
그까짓 상투가 뭐란 말인가
논밭에 해로운 잡초를 일찍 뽑아버리듯
돼먹지 않은 생각 잘라내어
장차 해야 할

말 타고 달리기
칼 치기
창 지르기
활 당기기에
화약 넣은 총 쏘아야 하고

돌팔매질 익히는 데 도움이 되지 않는
도포나 바지저고리
그 넓은 소매 폭은 고치려 아니하고
패거리지어 싸움질하느라
실속 없고 명분뿐인 예법만 찾느냐.

선불 맞은 산짐승의 포효마냥
이산저산 헤집는
허 생원의 꾸지람이 어둠속 깊이
울분 풀어놓고
허공을 잡아흔들면서
외치는 소리에 울먹임이 배어 있다 싶은데

그래도 네가 신임받는 조정 신하더냐
하나를 보면 열을 안다고
이런 놈은 참수해야 한다며
당장 칼을 휘두를 것 같은 위세와
초저녁에 허공을 가르던 칼 소리가 생각키워져

뒷문 박차고 도망친 어영대장 이완

다음 날 다시 찾은 집에 주인은 없고
씨줄 날줄이 촘촘한 그물에 끌려갔는지
개똥벌레 하나 보이지 않으면서
미처 불길 당겨보지 못한
굵은 홰 여러 개에
길 잃은 바람의 울먹임이 빈 방을 맴돌고 있었다.

– 붓을 씻다

서사시의 맥을 이어가는 『화냥년』, 그 한국문학사적 의의

호 병 탁(시인 · 문학평론가)

1

인류가 유지해온 여러 정신활동영역 중에서 문학처럼 가장 오랜 연원과 역사를 지니고 구체적이고 광범위하게 개인과 사회에 영향을 끼치는 것은 없다. 그리고 인간의 모든 정신적 역사의 바탕에는 두터운 문학적 적층이 쌓여있고 그 시원에는 서사시가 존재한다.

시를 내용상으로 구분할 때 서정시, 서사시, 극시로 나누는 것이 통례다. 원시시대의 극은 본래 어떤 한 의미를 띠는 단순한 신체의 동작에 불과했다. 또 서정시도 그 동작에 붙여진 불명료한 율어에 불과했다. 그러나 서사시는 아무리 단순하고 유치한 것이라도 반드시 '이야기' 가 포함된다. 이는 극과 서정시의 요소가 단순한 '감정' 의 표출이었다면 서사시는 그 감정을 선도해가는 '정신작

용' 이 존재했다는 말이 된다. 서사, 즉 이야기를 한다는 것은 단순한 감정표현에 앞서 수준 높은 정신력을 요하게 되기 때문이다.

참으로 오랜만에 서사시epic poetry를 대한다. epic은 '이야기' 혹은 '말' 을 뜻한다. 따라서 서사시는 '이야기를 객관적으로 서술한 시' 라는 특징을 가진다. 서사시는 원시적primitive 서사시와 문학적literary 서사시로 나눌 수 있는데 전자를 영웅 서사시, 후자를 예술 서사시라고도 부른다. 호머의 『일리아드』와 『오디세이』는 원시서사시의 전형적 실례다. 이는 개인의 독창적인 창작이라기보다는 구전으로 전승되어온 일종의 신화의 집성체계로 중세의 『니벨룽겐의 노래』나 『롤랑의 노래』 같은 서사시도 이와 유사한 것이 될 것이다. 단테의 『신곡』이나 밀턴의 『실락원』 같은 것이 문학적 서사시다. 문학적 서사시는 시인의 예술적 의도로 창작된 것으로 작가가 분명하고 개성적 독창성이 강하며 그 내용도 여러 양상으로 나타난다. 그러나 문학적 서사시는 이후 '소설' 이란 이름으로 방향을 틀어 발전하게 된다.

이규보의 『동명왕편』이나 『용비어천가』를 영웅서사시로 보기도 하지만 우리의 서사시 전통은 미약한 편이다. 현대시문학사를 통해 김동환의 『국경의 밤』, 김용호의 『남해찬가』, 신동엽의 『금강』 등을 손꼽을 정도다. 한국에서 서사시는 사라졌다. 간혹 사설시라는 형태로 혹은

판소리 형태로 시를 형상화시키는 작가가 있지만 이는 전통예술서사시와는 거리가 있다 이제 이야기를 풀어나갈 능력이 있으면 모두 소설을 쓰는 세상이다.

특히 대중문학의 확산은 전통적인 문학을 변방에 위치하게 만들고 있다. 대중문학은 새로 등장한 문학이 전통적으로 존재하고 있던 고급문학과 구별된다는 의식에서 야기된 개념으로 급격한 산업화와 더불어 새롭게 형성된 시민사회를 그 바탕으로 한다. 그러나 인류의 위대한 문화유산으로서의 전통문학은 삶에 대한 진지함이 그 바탕을 이루고 있으며, 오랜 세월 동안 전문가들에 의해 고도의 형식화가 이루어진 것임을 주지해야 한다. 소비적 성향을 띠는 대중문학은 어느 정도의 '충동성'과 '통속성'을 그 속성으로 하는 것이며 그것의 소통 자체도 상업적 유통체제에 편승하며 소비문화의 또 다른 변형을 보여주고 있다. 이제 팔리지 않는 것은 존재 이유가 없다. 전통적인 고급문학은 점점 주변부로 밀려나고 있는 때다.

한 번 더 반복한다. 이러한 시기에 '참으로 오랜만에' 전통적 서사시를 대한다. 신동엽의 『금강』 이후로 우리가 언제 제대로 한 번 새롭게 창작된 장편 서사시를 읽을 수 있었던가.

안평옥의 『화냥년』은 작품의 분석과 평가에 앞서 일단 한국 서사시의 맥을 잇는 문학사적 의의를 짚어보게 한다. 시인은 작품의 「머리글」에서 말한다. '우리가 무의식

중에 내뱉는 화냥년, 그 어원을 찾아 어언 강산이 한 번 변하고 또 한 번 변하는' 세월을 보내며 우리의 지난날을 되돌아보았다고. 이 말은 그가 이 시를 쓰기 위해 20여 년이란 각고의 세월을 보냈다는 것을 의미한다. 그의 노작 『화냥년』 앞에 절로 옷깃이 여며진다.

2

시를 '음악적인 사상' 혹은 '미의 운율적 창조' 라고 말한다. 이는 시가 운율적인 언어로 이루어지는 언어예술이라는 말에 다름 아니다. 서사시는 시다. 따라서 당연히 운율이 있다. 그러면 소설은 무엇인가. '이야기' 가 있는 글이다. 서사시는 '이야기' 가 있다. 그렇다면 소설의 근원은 서사시다. 서사시는 신화와 전설과 역사에 부침하는 인간의 파란 많은 생과 죽음이 파노라마처럼 펼쳐진다. 서사시는 오늘날 우리에게는 '시' 지만 고대인들에게 그것은 바로 '역사' 였던 것이다. 서사시에는 당시의 통시적 시대성과 공시적 사회성이 그려진다. 'story(이야기, 소설)는 history(역사)다.' 라는 말이 있다. 이는 서사시든 소설이든 항시 역사성을 떠날 수 없다는 말이다. 이처럼 '서사시' 는 '시' 이면서 '소설' 의 모체가 되는 특별한 위치에 있으며 또한 '서사시' 와 '소설' 은 역사, 즉 과거의 이야기를 그리고 있다.

『화냥년』의 성공적인 독서수행을 위해서는 장편소설과도 같은 이 작품의 서사구조를 몇 가지 살펴볼 필요가 있다. '구조structure'란 어떤 체계의 요소들을 결합시키고 있는 관계들의 총합이다. 나는 이 말을 '형식'은 더 이상 작품의 외형적인 것으로 간주되지 않고, 어떤 구체적이고 역동적인 존재로서 그 자체가 '내용'으로 간주된다는 말로 이해하고 내용과 형식을 분리하지 않고 하나의 구조로 파악한다. 뉴크리티즘의 비평가들이 그러하듯 작품을 이루고 있는 '모든 요소와 요소들의 관계'를 구조로 정의하는 것이다. 따라서 『화냥년』의 작품구조를 분석하면 작품의 이해는 물론 평가도 성공적으로 수행할 수 있게 될 것이다.

『화냥년』은 머리글에 이어 다섯 개의 부(部)part, 그 아래 단위인 장(章)chapter에 해당하는 10개의 소제목, 그리고 장 아래에도 숫자로 된 일련번호가 붙은 많은 절(節)section로 구성되어 있다. 각 부의 초두(初頭)에는 작가의 에피그래프가 삽입된다. 물론 소위 '장식적 효과'로 내용 단락의 고려 없이 외형의 균형적인 짜임새를 위해 장 구분을 하는 경우도 있고 이는 널리 인정되지만 『화냥년』은 외형적인 구분에 따라 장면과 국면이 극적으로 전환되고 있다. 기원전 8세기 호머의 서사시에도 이미 장의 구분이 나타나고 있는 것처럼 이는 서사시 구성에 중요한 요소가 된다. 이는 서정시에서의 연과 행 구분, 희곡에서의 막과 장 구분이 중요한 의미를 갖는 것과도 같은 이치다.

아무리 재미있는 이야기를 읽더라도 독자들은 중간중간에 변화와 휴식을 원하게 마련이다. 바로 장과 장 사이는 독자가 앞서 읽은 내용을 음미하며 커피 한 잔 마시는 일종의 '휴게소'가 된다. 그러나 그 사이는 너무 길어서도 짧아서도 안 된다. 너무 길면 피로해지고 짧으면 이야기 속의 환상이 깨진다.

또한 장은 이야기의 내용전개와 밀접한 관계를 맺게 된다. 한 국면이 끝나고 다음 국면이 전개될 때 하나의 장도 대개 끝이 나게 된다. 연극에서 하나의 국면이 종료되거나 장면이 바뀔 때 막이 내리듯 서사시에서도 장의 단락은 내용의 단락과 일치하며 막의 역할을 대신하게 되는 것이다. 국면의 전환은 물론 시점, 인물, 시간의 흐름 등 많은 것이 자연스럽게 바뀌게 되는 것도 장과 장 사이의 시간과 공간에서 일어난다. 이제 『화냥년』의 서사구조를 장의 구분에 따라 살펴본다.

3

얼마나 균형있고 적절하게 장의 구분을 하느냐는 전적으로 작가의 역량에 달려있다. 안평옥은 부와 장과 절을 적절히 분배하여 임진왜란에서 병자호란에 이르기까지 45년이란 질곡의 오랜 세월을 성공적으로 그려내고 있다. 그러나 장편의 서사시라고 해서 45년의 세월을 다 취급할 수도 없고 그럴 이유도 없다. 안평옥은 극적 순간, 즉 병자호란 전후의 사실만을 다룬다. 이는 호머가 10년에 걸친 트로이전쟁 중 9년째 아킬레스가 전쟁에 참여하는 순간부터 작품을 시작하는 것과 같다. 이 수법은 '사건의 중도에서 뛰어들기in medias res'로 이후 많은 서사시인과 소설가들이 본받게 된다. 『화냥년』도 왜란이 끝난 후 44년이 지난 후 주인공 장조남이 등장하는 데서 작품이 시작되고, 율도국으로 떠나는 일 년 남짓에 불과한 사건전개가 이 긴 작품의 전부다. 물론 중간중간에 그 전에 발생했던 일이 대화를 통해 또는 화자의 언급으로 되돌아간다. 영화기법의 중요한 술어인 '되돌아가기flash back'다. 물론 현대소설에서도 즐겨 쓰는 기법 중의 하나다.

그런데 『화냥년』에는 이런 플래시백의 기법으로 수많은 시간적 역전이 일어나고 과거의 에피소드가 서사 중간에 삽입된다. 현실에서 일어나는 사건은 무슨 사건이 되었든지 자연적 시간 순서에 따라 발생하고 종결된다. 하지만 작가는 자신의 문학적 의도에 따라 자기마음대로 이 자연적 순서 즉 '달력적 순서calender order'를 바꾸어 사건을 재편성하는 일이 허다하다. 안평옥 또한 마찬가지다. 이런 경우 독자는 시간의 흐름을 제대로 따라잡지 못하고 당황하는 경우가 발생한다. 따라서 시간의 흐름을 파악하기 위해서는 '이야기의 척추backbone of a story'라 할 수 있는 플롯과 함께 이를 짚어 볼 필요가 있다.

『화냥년』의 1부 「바람」에는 '바람의 새끼들'과 '바람의 색깔'이라는 두 개의 장이 있다. 우선 첫째 장, 첫째 절을 보자.

1/ 꽹가리채로 두들기면 깽깽 꽤갱 깽 소리/ 금방이라도 울릴 것 같은/ 울로 둘러친 흙담 위 용마름의 지푸라기 끝자락에/ 탱글탱글 영근 봄볕의 햇살 아래// 맑은 물이 여리게 내리는 개울가에는/ 파랗게 눈뜬 이끼며/ 다랑 배미 논밭 여기저기/ 하나둘 늘어나는 두엄 무더기 위쪽에/ 고깔 하얗게 쓰고/ 갑사 저고리 걸친 것 같은 멸악산맥의 주봉/ 멸악산/ 마치 해원 굿 하려는 무녀와 같고// 한쪽 팔이 오봉산 언진산에 머무나 했는데/ 성이 차지 않았나 보다/ 멀리 백두대간 줄기인 두류산에 오르고는/ 다른 쪽 팔 하나는/ 운봉산 수양산의 가파른 내리막길 아래/ 불타산 지나 빠져드는 장산곶/ 황해를 가로질러/ 중국의 산동성 휘감아/ 장강長江 거슬러 오

르고 있는데// 널따란 연백평야 이루며 황해도와 평안도의 남부를 풍요롭게 하는/ 대동강 임진강 예성강 사이/ 길이 300리 길,/ 비록 짧은 거리의 경계지만/ 남과 북/ 식생과 기후 등이 완연히 달랐으니// (…) // 다듬잇돌 등에 지고 만적이 깊숙이 잠든/ 시린 예성강 물줄기 옆/ 널따란 연백평야 수많은 모포기가/ 그때의 일 일깨우는 모습을 모르는 척 내려다보는/ 논 가운데 벌거벗은 허수아비 저쪽/ 어미닭이 날갯죽지에 병아리 품듯 산 아래/ 삼십여 호 초가들이 다정스레/ 맞댄 이마와 이마에/ 오랜만에 찾아온 마파람의/ 봄이 오고 있다는 속삼임이 정겨워서일까// 우수가 자리한 마을 앞 넓은 공터/ 밝게 웃는 마알간 하늘과 해/ 겨우내 얼부푼 자리 환히 밝혀/ 주름살 없는 햇살 곱게 편/ 그 위에 아무렇게나 쪼그려 앉은 남정네들//(…)// 너부죽이 문안인사 여쭙는 젊은이 하나가/ 어르신들의 점심을 준비했다는/ 장張씨에 클 태太 편편한 평平자 쓰는/ 장태평張太平이다.

우선 첫째 연에서 봄이 온 산촌의 모습을 서정적으로 그리고 있다. 특히 '용마름의 지푸라기 끝자락에/ 탱글탱글 영근 봄볕', '개울가에는/ 파랗게 눈뜬 이끼', '다랑 배미 논밭 여기저기/ 하나둘 늘어나는 두엄 무더기'와 같은 시어들은 우리 토속적인 정서의 원형을 일깨우며 독자들을 자연스럽게 산촌의 봄으로 인도한다. 그리고 마을 뒤에 보이는 '멸악산'을 바라보게 한다. 사실 시인의 의도는 우리를 멸악산으로 안내하려는 것이었다. 그리고 둘째 연에서 그야말로 대서사시적으로 장중하고 유장하게 멸악산을 묘사한다. 산의 한쪽 팔은 '백두대간 줄기인 두류산' 에 뻗고, 다른 쪽 팔 하나는 '불타산 지나 빠져드는 장산곶/ 황해를 가로질러' 뻗어간다. 그것뿐이 아니다. 다소 과장이 있지만 산은 '중국의 산동성 휘감아 장강' 까지 거슬러 오르고 있다. 이 장려한 산의 품에는 '널따란 연백평야' 가 있고 '대동강 임진강 예성강 사이' 300리 길이 있다.

시인은 이처럼 멸악산을 우리에게 보여준 다음 우리를 '시린 예성강 물줄기 옆', '어미닭이 날갯죽지에 병아리 품듯' 자리잡은 산 아래 '삼십여 호 초가들' 이 있는 마을로 우리를 인도한다. 이제야 주인공의 숨결이 느껴지는 시의 무대가 나타나는 것이다.

그런데 이 연에서 주목할 점이 있다. 강의 물줄기 옆은 '만적이 깊숙이 잠든' 곳이라는 대목과 연백평야가 '그때의 일' 을 모르는 척한다는 대목이다. 첫 번째 생략부호 안에는 7개의 연이 들어있고 이에는 고려 신종 원년(1198년)에 발생한 노예 만적의 난이 삽입된다. '우리처럼 천하디천한 것들도 부부가 이마 맞대고 밥 벌어 제 새끼 먹이는 그런 날' 을 꿈꾸다 죽어간 만적이 바로 이 무대와 오버랩되고 있는 것이다.

이 '마을 앞 넓은 공터' 에는 '아무렇게나 쪼그려 앉은 남정네들' 이 '금년 한 해의 소망' 을 빌며 '새봄 이야기'

를 나누고 있다. 해는 중천에 오르고 이들의 '출출한 아랫배의 꼬르륵 소리' 민망해질 무렵 '너부죽이 문안인사'를 여쭈며 한 젊은이가 '어르신들의 점심을 준비했다'고 그들을 모신다. 드디어 이 서사시의 주인공 장조남의 아들 장태평이 등장하는 것이다.

둘째 절에서는 장태평의 부모 장조남과 정선녀가 언급된다. 이들은 이 마을에 자리잡고 '태평성대 이어지는 세상'을 기원하며 아들에게 '태평'이란 이름을 지어준 분들이다. 이후 태평의 부친 장조남은 서사에서 발생하는 모든 사건을 이끌어가는 주 인물로 활약하게 된다.

마을 어르신들은 장씨 댁 사랑방에서 '몇 순배 돌고 돈 술잔에 불콰해진 얼굴'로 주인공 장조남과 함께 세상 이야기를 나누기 시작한다.

셋째 절에서는 장조남의 발화를 통하여 또다시 시간의 역전이 발생한다.

배부르고 등 다스우면 옛 생각 난다고/ 좋았거나 그렇지 않았던 일들이 주마등인 양/ 스쳐서 지나가는 중에서도/ 모두가 매한가지로 궁금해 하지만/ 차마 입 밖에 꺼내지 못하는 말 누군가가/ 술기운을 빌려서 불쑥 쏟아내고야 말았으니// '폐위된 임금은 어찌 됐을꼬.'

인용문에서 나타나는 것처럼 '궁금해하지만 차마 입 밖

에 꺼내지 못' 했던 한마을 어른의 질문에 대한 장조남의 대답 형식으로 계해년(1623년)에 발생한 광해군의 폐위 사건 당시가 언급되며 시간은 뒤로 물러선다. 대답에 앞서 화자는 잠시 장조남의 인품에 대해 언급한다. 그는 '조선의 곳곳은 물론' '청나라 도읍지인 심양과 만주 일대를 넘나들다가' 얼마 전에 돌아온 당시 국제문제와 역학관계에 밝은 소식통이다. 그는 '자기를 낮추고 상대방을 배려' 하는 사람이며 '조용하나 범접키 어려운 말씨'를 쓰며 '단단한 몸매' 와 '형형한 눈빛' 을 가진 무인형의 인물이다. 당시의 실록에 대개의 이야기가 담겨있을 터이니 그의 발언을 일일이 인용할 필요는 없을 것이다. 단 한 가지 폐주 광해의 외교정책에 대한 그의 긍정적인 발언은 주목할 만하다. 광해는 명과도 '적당히 협조' 하고 새로 일어난 청도 '잘 구슬리고 다독' 인 왕이었다. 그러나 새 임금 인조는 망하는 명은 어버이고 일어나는 청은 오랑캐라는 인식을 가진 자였고 장조남은 세상이 또 시끄러울 것이라는 판단을 내리고 있다. 특히 황제즉위 축하사절로 청에 간 조선의 나덕현과 이곽은 그 많은 나라의 사절 중 유독 삼궤구고의 예를 거부한 일이 있다. 명과의 정의를 저버릴 수 없다는 이유다. 겨우 목숨을 건지고 돌아온 이들을 조선은 '만고에 다시 없는 충신' 이라며 동네방네 왜장치고 '성리학의 충효예지신의 정신' 이 바로 이들의 정신이라며 골골 백성에 알렸다. 청의 침노를 자초하는 이런 한심한 모습에 장조남은 왕조의 불길한 앞날을 예견한다.

아마, 금년 겨울이 될 것 같아요. 또 난리를 치르는 것이.

위와 같은 장조남의 예언적 발화는 시간 순서상 뒤에 일어날 일을 미리 언급하는 것을 의미하는 일종의 '예시豫示'다. 예시는 다음에 발생할 일을 앞질러 독자에게 알림으로써 흥미를 감소시키는 듯 보이지만 실제로는 긴장감을 더 고조되는 효과를 야기한다. 이제 독자는 '무엇이 일어날 것인가'에는 별 흥미가 없다. '어떻게 일어날 것인가'에 더 관심을 가지게 된다. 작가는 독자를 공지共知자로 만들고 서사 세계는 더욱 생동감을 발하게 되는 것이다.

우리는 이미 '되돌아가기'의 기법으로 시간적 역전이 발생하고 있음을 보았다. 그러나 '예시'를 통해서도 자연적 시간 순서를 역으로 흩트리고 있는 것을 본다. 작가가 어떤 순서로 이야기를 전개시키느냐 하는 것은 서사의 효과에 커다란 영향을 미친다. 이런 기법들이 『화냥년』에는 허다하고 이는 바로 작가의 의도적인 예술적 기법으로 비평가의 시선이 자주 머물게 하고 있는 것이다.

마을 사람들은 몇 년 전에 벌어졌던 임진과 정유의 란에 고초를 겪은 사람들이다. '잊었는가 싶던 전쟁'에, 또 다시 치러야 하는 '피난 근심' 에 '말 잃고 먼 허공을 응시' 할 뿐이다. 장조남의 사랑에서 떠나는 그들의 발걸음은 '만 근 무게' 로 허든거릴 수밖에 없다.

이날은 병자년(1636년) 이른 봄날이다. 따라서 이날이 이 긴 서사시가 시작되는 날이다. 45년에 걸쳐 벌어지는 긴 서사의 마지막 해다. '사건의 중도에서 뛰어들기' 의 전형이다. 『화냥년』의 첫째 장은 이렇게 서사의 문을 열고 있다.

4

그런데 첫 장의 이야기 뼈대는 주인공 장조남이 자기 사랑방에 동네 어른들 모셔 식사대접을 하고 세상이야기를 나눈다는 것이 전부다. 그러나 이렇게 단순하게 보이는 문학적 언어구조에는 수많은 재료들이 그 구성분자로 참가하고 있다. 예로 작품의 배경이 되는 멸악산, 예성강, 연백평야 등에 대한 지리학, 기상학, 생태학적 재료가 삽입되고 당시의 풍습, 철학사상이 역사적 사실과 어우러지며 작품의 구성요소로 참가하고 있다. 다른 장에서도 마찬가지다. 옛날의 시편들, 사물 이름들, 심지어 택견의 품새까지 작품의 구성 재료가 되고 있다. 이처럼 이 장에는 발생한 사건은 단순하지만 많은 재료들이 함께 직조되어 하나의 무늬를 드러내고 있다. 이런 내부 요소들은 따로 노는 게 아니라 종횡으로 얽혀 유기적으로 연결된다. 춘향전에서 전아한 한시문구나 질펀한 육두문자가 얼키설키 얽힌 것과 같은 이치다. 이런 것을 빼버려도 줄거리는 남겠지만 전체적 분위기와 색깔은 영 딴판으로 변해버릴 것이다. 방자와 향단이가 빠진 춘향전을 생각할 수 있는가. 『화냥년』도 마찬가지다.

비평가는 예술작품의 부분과 전체의 관계에 민감할 수밖에 없다. 어떤 부분들이 어떤 방법으로 하나의 형상을 이루어 가는지 관심을 갖지 않을 수 없기 때문이다. 부분의 많은 재료들은 작품내부의 다양성, 포괄성, 복합성을 조성한다. 전체는 이들을 잘 조화시켜 통일을 이룬 것이다. 서로 반대개념이 되는 복합과 단순, 다양과 통일은 '유기적 구조' 로 문학작품에서는 하나로 형상화된다.

필자가 작품의 첫째 장 하나를 길게 물고 늘어지는 이유가 있다. 그것은 이 장에서 나타나는 미학적 장치들이 작품 전체를 관류하고 있기 때문이다. 또한 우리가 이런 문학적 전략을 잘 파악했을 때 이후의 독서행위도 성공적이 될 것이기 때문이기도 하다. 다음 장을 보자.

5

두 번째 장의 제목은 「바람의 색깔」이다. 비평가는 작가의 고뇌를 무시할 수 없다. 많은 고심의 흔적이 곳곳에서 나타나는데 그 중 작품의 '제목'과 '소제목'들 또한 마찬가지다. 작가는 제목의 작명에 신경을 쓴다. 대체로 제목은 독자의 호기심을 자극하거나 서사 내용을 요약 혹은 주제를 암시하려는 의도로 작명된다. 작품의 제목 『화냥년』은 이에 잘 부응한다. 일단 우리가 쌍말로 쓰는 '화냥년'은 일단 호기심을 유발한다. 또한 전란의 희생물, 특히 적에 끌려간 수많은 여인들이 도망치거나 속전을 지불하고 돌아왔을 때 당시 그들을 '환향(還鄕)녀'라 불렀고 이 말이 어음 변화되어 '화냥년'이 되었는데 그들의 이야기가 작품의 중요한 주제로 작용하고 있기 때문이다. 이 작품에는 「바람」, 「비」, 「번개」, 「천둥」이라는 제목이 달린 4개의 '부'가 있다.(마지막 5부의 「타오르지 못한 횃불」은 이 서사시의 에필로그에 해당함으로 생략한다.) 이 자연현상들은 우리 삶과 직결되어 있는 '기상현상'이란 공통점을 가지고 있다. 작가는 이점을 겨냥했을 것이다. 또한 바람은 비를 몰고 오고, 비는 번개와 천둥을 동반한다는 것도 염두에 두었을 것이다. 1부 「바람」은 '바람의 새끼들'과 '바람의 색깔'이란 2개의 장으로 구성되어 있다. 모두 '바람'이란 공통점과 함께 병자호란이라는 커다란 외적 바람과 그 바람을 불러오는 내적 상황을 의도에 둔 작가의 고심이 담긴 소제목들이 아닐 수 없다. 한 가지 더 첨언한다면 작가는 주인공의 이름인 '장조남'과 그 부인 '정선녀'의 작명에도 고심했을 것이다. 조선을 '조'와 '선'으로 반씩 나누어 가진 이름이다. 끝자는 물론 성별을 말하는 '남'과 '여'다. 그들의 성인 '장'과 '정'은 어머니의 성씨다. 작명은 함부로 할 수 없다. 자칫 우스꽝스러운 이름이 되면 장중한 서사시 자체가 방향을 어긋나게 틀기 때문이다. 함축된 의미를 담지하면서도 서사시적 주인공다운 숙명의 내음이 깃든 이름이어야 한다. 따라서 이런 작가의 고심을 지나칠 수 없게 되는 것이다.

둘째 장 「바람의 색깔」은 '1590년 조선의 14대 임금/선조 23년이다'라고 시작부터 화자가 직접 나서 서사시간의 흐름을 역전시킨다. 정사 황윤길과 부사 김성일의 일본에 대한 상반된 보고는 우리가 익혀 아는 바다. 또한 이에 대한 어리석은 선조의 우유부단한 대책도 잘 아는 바다. 화자의 직접 발언으로 이런 역사적 사실이 서정적인 문체로 첫째 절의 내용을 이루고 있다. 둘째 절은 왜군의 부산포 침입으로 문을 연다. 왜군의 일진인 소서행장 휘하의 일만 팔천 명이 뭍에 올랐으나 대적하는 조선군은 없다. 화자는 이때를 '매화꽃 자리에 맺힌' 열매가 '큰아기 젖망울 같은' 시기로 묘사한다. 아름다운 계절과

추악한 전쟁의 극명한 대비가 돋보인다. '빼꾸기가 피맺힌 소리로 울부짖는 달래강의 탄금대' 를 지나 파죽지세로 왜군은 북진하여 부산포 상륙 후 스무날 만인 오월 초이튿날 '제풀에 열려져 손짓하는 한양의 사대문' 에 입성한다. 비굴한 조선왕은 이미 도망친 뒤다. 백성을 버리고 왕이 도주한 주인 없는 한양성은 승자의 전리품이다. '금은보화는 물론 서책이며 그림/ 도자기와 부처님 상 조형물 등' 은 물론 '비단 폭 찢는 것 같은/ 여인의 단발마적 비명' 도 당연히 중요한 전리품 중의 하나다. 여기까지는 지도자의 무능과 그에 따른 백성들의 수난에 대한 일반적인 서술로 간주될 수 있으나 다음 대목부터 서사는 급격히 변화한다. 전리품화 되는 한 여인의 희생에 시각이 모아지며 그 내용이 세부적으로 박진감 있게 묘사된다.

왜군은 북촌의 김 정승 댁을 습격하고 '죽자 사자 발버둥치는 며느리 장씨를 병아리 낚아챈 참수리' 처럼 왜장에게 끌고 간다. 이어 왜장에게 끌려간 여인의 '맑고 깨끗한' 자태와 용모가 길게 묘사되고 '다부진 몸매' 의 왜장 모습도 묘사된다. 결국 여인이 '이리저리 휘젓는 여러 번의 손짓' 도 '남정네의 거친 품안에서 멎고' 만다. '풀어지는 옷고름/ 떨어져내리는 겉치마/ 남은 마지막 한 겹의 속속곳 말기/ 허리 아래로 밀려나' 며 여인은 당한다. 그리고 계속 사흘을 왜장 품에 안기게 된다.

이 사건은 서사 전체에 중요한 전환점이 된다. 3절에서 장씨는 사내아이를 생산하게 되는데 그가 바로 이 서사시의 주인공 장조남이기 때문이다. '어머니 따라 성은 장張/ 낳고 자란 조선의 아침 조朝를 가운데 넣고/ 머슴애라서 끝에 사내 남男을 쓰는/ 이목구비 수려하고 귀티마저 흐르는 장조남' 이 등장하게 되는 것이다. 서사시 주인공의 탄생은 원래 이처럼 기구한 것인가. '배부른 어머니가 찾은 외가의 식구들' 에게서도 손사래를 당하고 그는 '움막에서 태어나고/ 남의 눈을 피하여 천덕꾸러기로' 자랐다. 그는 후에 아버지가 남긴 '한 자 남짓한 칼과 칼집을 살피다가' '小' 자를 보고 그의 부친이 부산포에 처음 상륙하고 한양성에 맨 먼저 입성한 소서행장小西行長이었음을 알게 된다. 서사시 주인공의 운명 또한 이처럼 기구한 것인가. 그렇다. 서사시 주인공의 탄생과 성장은 숙명적으로 기구한 것이어서 이는 마치 공식구와도 같은 것이다.

4절에서는 태평의 어머니 정선녀의 태생과 성장이 본인의 직접화법 형식으로 소개된다. 그녀의 모친은 스물이 된 임진년에 왜군 진영에 끌려가 능욕을 당하고 수태한다. 모친은 갖가지 방법으로 아이를 지워보려 하지만 실패하고 결국 '어머니 따라 성은 정鄭/ 씨 뿌려진 조선의 끝 글자/ 빛날 선鮮자에/ 계집 여女를 합한 정선녀' 가 되어 세상에 등장한다. 그녀의 성장도 '외가 별채의 어둠 속에서 지내오기 십오 년' 내내 '어머니 외의 누구와도/

사람으로서/ 사람다운 행세 한 번 못해보고' 외롭게 성장하는 것이다. 5절에서는 태어난 동기에 나이가 같고 이름마저 조선을 반씩 나누어 가진 두 사람이 맺어지는 사연이 전개된다. 인왕산 암자에서 무이 스님으로부터 밤낮없이 무술을 배우고 '이제는 하산하여야 한다며/ 등 떠미는 스님의 뜻에 따라' 내려오는 길에 불량배들에게 쫓기던 한 젊은 여인을 구하는 이야기가 생동감 있게 묘사되는데 이 여인이 바로 정선녀였다. 그리하여 두 사람은 '혼서지에 예단은 고사하고/ 사모관대며 원삼족두리의 예복조차 갖출 처지가 못 되어' 일가친척 하나 없이 '냉수 한 그릇 얹은 개다리소반'을 앞에 두고 부부의 연을 맺게 되는 것이다.

이렇게 해서 두 장, 8절에 이르는 1부 「바람」의 긴 서사가 막을 내린다.

6

서사문학의 원초적 상황은 '어떤 화자'가 일어났던 '어떤 일'을 청중에게 이야기하는 것으로 정의된다. 즉 모든 서사문학은 이야기를 들려주는 화자라는 서술 주체가 있다. 여기서 우리는 잠깐 이야기를 들려주는 '화자'에 대해 짚고 넘어가지 않을 수 없다. 화자는 이 글을 쓴 작가

안평옥 자신인가. 아니면 별개의 존재인가. 이것은 참으로 논증하기 어려운 문제다. 이는 논리성보다는 효용성에 의해 따져야 할 문제인 것 같다. 개인적으로 나는 『화냥년』이란 서사를 들려주는 화자를 작가가 창조한 인물로 본다. 작가를 화자와 동일한 존재로 간주하면 이야기가 '작가의 체험' 이라는 쪽으로 몰고가야 하는 문제가 생긴다. 『화냥년』은 역사적 과거를 다루고 있다. 수백 년 전에 살지 않았던 작가가 당시의 인물과 사건을 서술한다기보다는 작가가 창조한 인물이 그렇게 한다고 생각하는 것이 합리적일 것이다.

그럼 『화냥년』의 화자는 작가 안평옥이 창조한 인물이라 하자. 그러면 이 화자는 어떤 스타일의 화자인가. 이는 서사구조를 논의하며 자주 대두되는 문제로 결론적으로 말하자면 『화냥년』의 화자는 '중립적 화자' 다. 이는 인생이나 사건에 논평을 가하는 '논평적 화자' 가 아니라 사건 진행만 충실하게 서술하는 화자라는 말이다. 논평적이니 중립적이니 하는 것은 어디까지나 상대적인 표현이다. 어떠한 중립적인 화자도 그 존재가 배제되는 것은 아니다. 아무리 얼굴을 내밀지 않더라도 다소는 독자의 의식에 잡히게 마련이다. 그래도 『화냥년』의 화자는 어디에도 나서서 좋다 나쁘다, 옳다 그르다 하는 일은 없다. 이런 면에서 작가는 '느껴지도록 하면서도 보이지는 않아야 된다' 는 화자이론에 충실한 것 같다. 다시 말하자면

안평옥의 화자는 '재판관이 아니라 공정한 증인' 의 역할에 충실하다는 것이다.

또한 『화냥년』의 화자는 자신이 서사 속의 인물들과 접촉하고 사건에 개입하지 않는다. 늘 이야기 밖에 있을 뿐이다. 따라서 화자가 자신이 하고 있는 이야기 속에 직접 참여할 때만 1인칭 화자를 논의할 수 있음으로 『화냥년』의 화자는 3인칭의 화자가 된다.

화자가 사건을 어떻게 보느냐 하는 시각의 문제를 따질 때 '시점' 이 대두된다. 앞서 논의한 것이 화자의 성격 문제라면 이번의 것은 사건에 대한 화자의 시각 문제가 된다. 『화냥년』은 서사가 있지만 시라는 형태를 띠고 있다. 따라서 화자의 시각은 고정되지 않고 이동하기도 한다. 그러나 『화냥년』의 화자는 결코 '인간적 한계' 를 벗어나는 법이 없다. 따라서 '3인칭 무제한적 전지시점' 은 결코 아니다. 화자는 역사적 사실을 보고하기도 하고 때로는 디테일하게 사건의 진행을 보고하기도 하지만 작중인물들을 구별하지 않고 초능력을 구사하여 그들의 마음속에 들어가지는 않는다. 대개가 장조남이 보고 듣고 생각하는 것만을 기록하기 때문에 전지적 능력은 제한되고 있다. 따라서 독자들은 주인공과 심리적으로 밀착하여 쉽게 동일시 환상을 갖게 되고 작가는 이를 겨냥하고 있는 것이다. 굳이 시점이론에 의해 말한다면 『화냥년』의 시점은 '3인칭 선택적 시점' 이라 할 수 있을 것이다.

7

서사문학의 근원적 상황을 '화자가 일어났던 일을 청중에게 이야기하는 것'이라고 정의한 바 있다. 그런데 화자가 이야기를 들려주는 방법은 기술, 요약, 장면묘사 등 여러 가지가 있다. 앞에서 1부의 2장 「바람의 색깔」은 시작부터 '1590년 조선의 14대 임금/ 선조 23년이다'라고 화자가 직접 나서 서사 시간의 흐름을 역전시킨다고 말한 바 있다.('화자가 직접 나섰다'고 해서 사건에 논평을 가한 것이 아니기 때문에 논평적 화자가 아니다.) 이 경우 화자는 사건의 배경인 역사를 서술하고 있기 때문에 '서술되는 시간'은 흐르지 않는다. 바로 '기술記述 description'이다. 우리는 『화냥년』에서 풍경을 묘사한다거나 인물의 외모, 성격 또는 사건의 배경을 서술할 때 자주 이 '기술'의 방법이 쓰이고 있음을 발견한다. 또한 동시에 우리는 이 작품에서 사건의 진행을 서술하는 '장면묘사scene'도 무수히 발견한다. 당연히 대화와 행동의 묘사가 그 주 내용을 이룬다. 앞에서 여인들이 능욕당하는 사건, 장조남과 정선녀의 혼인이 있기까지의 이야기들은 모두 장면묘사다. 따라서 '서술되는 시간'은 사건과 함께 흘러간다. 반면에 1부에서 2부로 바뀌면서 시간은 임진년에서 병자년으로 건너뛴다. 물론 '역전'으로 그런 현상이 발생했지만 이 경우는 '요약summary'으로 사건 진행에 대한 자세한 묘사가 없고 따라서 서술되는 시간은 그 속도가 빠르거나 위에서처럼 건너뛴다. 장면묘사는 구체성과 생동감을 주기 때문에 독자의 흥미와 주의를 쉽게 끌 수 있다. 특히 위기나 클라이맥스 같은 중요한 장면은 반드시 장면묘사가 되어야 할 것이다. 그러나 '요약'도 필요하다. 사건 진행 모두를 세세하게 묘사할 수는 없기 때문이다. '기술' 또한 계절의 풍광이나 인물의 용모를 그릴 때는 꼭 필요한 방법이다. 이들을 적절히 배합하여 사용하는 요령은 작가의 필수적 능력이다. 안평옥은 이 긴 서사에서 화자와 시점과 서술되는 시간 등의 안배에 무척이나 고심했을 것이고 우리가 그것을 이해할 때 이 작품은 더 쉽고 가깝게 다가올 것이다.

8

작품의 1부만 보았을 뿐인데 지면이 너무 소모되었다. 그러나 5부 전체에서 이론과 부합되는 예문을 찾아 일일이 인용하며 작가의 문학적 장치를 견인하려 한다면 또 다른 책 한 권이 나올 지경이다. 대충 작가가 의도하는 미학적 전략은 1부에서 다 찾아낸 것 같다. 이제 속도를 내 나머지 부분의 플롯을 살피며 작가가 우리에게 하고 싶은 말은 무엇인지 알아 볼 일이다.

2부 「비」는 두 개의 장으로 구성되어 있는데 병자호란 이 일어나기 직전의 가을, 역시 장조남이 사는 마을이 실질적인 무대다. 첫 장에서 장조남은 곧 난리가 일어날 것을 알고 동네 사람들을 피난시킬 준비를 한다. 그리고 다음 장에서는 이를 실행에 옮긴다. 여기서는 그들이 피난을 위해 시월, 동짓달, 섣달 초순까지 준비한 물목을 보고 넘어가자.

> 쌀이 스무 섬/ 잡곡은 서른 섬/ 고구마 열 둥주리. 숯 스무 섬/ 연기 없고 냄새 없이 타오르는 싸리나무/ 소나무 옹이와 솔방울/ 삭정이에 화로용 솔가리/ (…) / 간장 된장이 각 열 동이/ 소금 석 섬에 김치는 삼십 동이/ 말린 시래기에 무청이 열 섬이나 되고/ 밥 짓고 국과 물 끓일/ 가마솥 세 개에 작은 솥은 다섯 개이며/ 나무 물통도 가져왔으니

이 외에도 끌 대패 톱 망치 올무 창 덫 조총 활 화살 삽 낫 도끼 괭이 쇠스랑 등…. 참으로 작가는 눈도 밝다. 막상 피난 가는 당사자도 하나쯤 빠뜨릴 지경인데 안평옥은 흘리는 것 하나 없이 다 챙겼다. 위 인용문이 바로 앞에서 말한 '기술'이다. 아무리 길게 묘사해도 사건의 진행이 없음으로 시간은 흐르지 않는다.

이처럼 빠짐없이 준비한 물목을 보고 함께 피난 온 덕삼이가 번쩍 손을 들고 농담 한 마디를 던진다.

"젊은 사람이 어떻게 두 달을 그냥 지냅니까/ 방 서너 개 만들어/ 부부끼리 교대하여 쓰도록 하자"고. 사람들이 '마음놓은 웃음소리가 동굴 가득 번지고 있었다.' 2부는 이렇게 끝이 난다.

전란을 코앞에 두고 집 떠난 백성들이, 그것도 피난 온 동굴 속에서 마음놓고 웃을 수 있게 하는 '힘'은 어디에서 기인하는가. 임금의 성덕인가. 조정 관료들의 선정인가. 성리학의 가르침 때문인가. 아니면 두 달은 넉넉히 버틸 수 있는 물목의 힘인가. 작가는 소리 없이 묻고 있다. 이 마지막 구절은 우리에게 역사를 되돌아보고 현실을 직시하게 하는 커다란 성찰의 울림을 만들고 있다.

드디어 3부 「번개」에서는 올 것이 오고야 만다. 청군이 '번개'처럼 신속하게 조선반도를 침공하는 것이다. 첫째 장에서 임금은 벼락처럼 들이닥친 청나라 군에 길이 막혀 강화도로도 못 가고 '미끄러지고 엎어지고/ 지난밤에 내린 눈이 얼어붙은/ 그 위에 고꾸라지면서/ 밤새 걸어서 이른 곳'이 겨우 남한산성이다. 그러나 산성의 좁은 협실에서도 대신들은 둘로 갈라져 항쟁하자 커니 항복하자 커니 싸운다. 임금은 묵묵부답 미적미적 결단을 미루고만 있다. 청의 태종은 '게가 구멍에서 나오듯' 제풀에 기어 나올 때를 기다리며 엄히 포위망을 굳힌다.

다음 장에서 견디지 못한 임금이 산성에서 나와 치욕적인 항복을 하게 된다. 강화도의 왕실과 조정 중신 가족 모두는 이미 포로가 된 뒤였다. 조선왕은 청 태종 앞에 '팔 굽혀 무릎 꿇어 세 번 절하고 이마 아홉 번 조아' 리며 목숨을 구걸하고 다시는 잘못을 저지르지 않겠다고 맹세의 증표로 전국옥쇄를 올린다. 용단을 내렸으니 다행스럽다는 태종의 말에 이제는 살았구나 하고 단 아래 내려가 또 두 번 무릎 꿇고 여섯 번 머리를 조아린다. 그리고 '무예별감 어디에 두고/ 잡인 금한다는 시위 소리 한 마디 없이/ 내 나라 아닌 청나라 기병 백 명 호위로' 궁궐로 돌아간다. 그나마 형제간의 나라에서 이제는 주종 간의 나라가 되어 버렸다. 이것이 당시의 조선왕조의 모습이었다.

여기에서 작가가 던지는 메시지를 독자는 어떻게 해석해야 하는가. 이에 대한 답은 아마 4부 소현세자의 꿈에 나타나는 이성계의 넋두리에서 그 실마리를 찾을 수 있을 것이다.

9

4부는 무려 80쪽에 이르는 긴 서술이다. 첫째 장에서 '화냥년' 이란 어휘의 근원이 되는 조선 여인 포로들이 등장한다. 이들의 면면은 기생으로부터 권문세가의 마님까지 다양하다.

중년 태가 우아한 안방마님 곁/ 화사한 별당채 마님이 머리를 숙이고/ 고운 모습이 채 가시지 않은 아씨 마님이며/ 댕기머리의 작은 아가씨까지/ 굴비 엮이듯/ 줄줄이 끌려가며

정복자에게 포로로 끌려가는 조선 여인들 중 양반 댁 여인들의 면면이다. 물론 여인들만 포로로 끌려간 것이 아니다. 많은 남정네 속에 세자와 봉림대군도 있었다. 그러나 조선인 포로 50만 명 중 여자가 40만 명이었으니 당시 인구로 보아 대단한 수다.

소현세자가 압록강에 이르렀을 때 꿈속에 맨발로 나타난 태조 이성계의 긴 사설을 주목할 필요가 있다. '미안하구나, 소현세자야' 로 시작되는 사설을 요약하면 이렇다. "위화도 회군은 안 했어야 했다. 그것 때문에 나는 나라와 민족의 반역자가 되었고 또 너희들까지 이런 고초를 겪게 하고 있다. 공민왕이 나에게 30만 정병을 주어 보낸 것은 요양과 선양 땅을 되찾으라는 명령이었는데 용상이 탐난 나는 이곳 위화도에서 허울 좋은 네 가지 불가론으로 창과 칼끝을 돌렸다. 최영과 우왕을 죽이고 정몽주를 참살했다. 옛 땅을 회복할 때라고 외친 정도전마저 죽였다. 그런 죄로 나는 저승에서 신발마저 벗겨져 찾을 길이 없다." 그리고 이어 말하기를 "세자야, 네 비록 포로의 몸이지만 심양에 가거든 소수민족으로 중원을 넘보는 청나라 힘의 근원을 알아보라. 여러 문물을 체험하

라. 유학이 타당한지, 사농공상은 지켜야 하는지, 양반 중인 상놈 천민으로 사람 구분짓는 것은 옳은지 살피고 배워라. 조선이 네 어깨 위에 있다."

실제로 다음 장에서 소현세자는 태조의 당부를 실천에 옮기고 있다. 그는 여러 풍속을 익히고 청의 조정과 친분을 두텁게 하여 무역업을 벌인다. 번 돈으로 속전을 지불하고 포로들을 고향으로 돌려보낸다. '소 한 마리가 150일 갈아야 할 농토' 네 곳을 청의 조정으로부터 얻어 조선인들이 농사에 종사하게 한다. 그는 직접 전투에도 참여하여 그토록 조선이 숭앙하던 명의 자금성에 백기가 꽂히는 것을 보며 청의 '힘'을 본다. 그는 청 황실과의 친분으로 국제관계의 역학관계를 파악하고 실리와 명분의 허와 실을 인지하며 진정한 민복이 무엇인지 깨닫는다. 독일인 선교사 아담 샬과도 친교를 맺어 천문학, 역서曆書, 대포제작 기술을 논의하고 세상의 견문을 넓힌다. 그는 새로운 포부를 가진, 진취적이고 긍정적으로 사고하는 세자가 되어 1644년 9년 만에 귀국한다.

그러나 그는 '오랑캐에게 넋을 판 파렴치한'이 되어 자신의 아버지 인조에게 죽임을 당하고 세자빈 강씨도 역모혐의로 사사당한다. 세자의 아들도 제주도로 귀양 보내 결국 죽고 만다. 반복한다. 이것이 당시의 조선왕조의 모습이었다.

이제 3부에서 야기된 문제에 대한 답이 나왔다. 작가는 놀랄 만한 통찰력으로 화자의 논평 하나도 없이 이야기 중에서 스스로 답이 나오게 만들었다. 물론 4부의 서사는 역사적 사실에 근거를 두고 있다. 그러나 당장 우리가 주지하는 것처럼 소현세자의 위화도 꿈은 작가의 문학적 상상력에서 비롯된 것이다. 이는 작가의 주장이 담겨있다는 말이다.

조선왕조는 원래 있어서는 안 될 왕조였다. 이는 몽중夢中의 이성계의 발언과 같지만 작품을 읽는 독자들도 동감하게 된다. 인조의 경우만 보자. 3부에서 그는 왕조의 상징인 옥쇄를 바치고, 세 번 절하고 아홉 번 조아리며 목숨을 구걸한 왕이었다. 옥쇄를 바친다는 것은 나라를 포기하는 것과 마찬가지다. 그런 못난 왕이 세자가 청과 결탁하여 자신을 몰아낼 것으로 의심하고 그를 죽인다. 소현세자가 구공으로 피를 토하며 죽어간 을유년(1645년)은 일본의 명치유신보다 200년 앞섰다는 것을 작가는 「머리글」에서 '곱씹는다' 고 했다. 이 말은 조선이 일본보다 200년 앞서 개화할 기회가 있었다는 소리다. 작가는 서사 어디에서도 자신의 견해를 밝히지 않는다. 그저 자신의 중립적 화자로 하여금 이야기만 들려주고 있다. 그러나 행간에는 왕조의 어리석음에 대한 분노와 새로운 세상의 도래가 수포로 돌아간 것에 대한 안타까움이 짙게 배어있다. 그래서 작가의 소리 없는 주장은 오히려 귀가 먹먹할 정도로 크게 들리는 것이다.

왜란에서 풍전등화 같은 나라를 구한 이순신은 '주위의 시기와 임금의 좁은 소갈머리로' 공을 이루고도 자신이 살아남을 수 없음을 알고 '노량해전에서 갑옷을 입지 않고 싸워' 죽음을 자초했다. 곽재우도 그 많은 공을 세우고도 목숨을 부지하기 위해 초야에 묻혀버렸다. 이것이 왕조의 모습이었다.

그러면 우리의 주인공 장조남의 경우는 어떠한가. 그는 마을 사람들을 멸악산에 무사히 대피시켜 전화로부터 그들을 구출해내었다. 4부에는 청군이 돌아갈 때 산에서 훈련시킨 젊은이들을 데리고 1,000여 명의 포로들을 구해내는 장면이 박진감 있게 펼쳐진다. 그도 큰 공을 세운 것이다. 그리고 소문은 퍼져 그의 공은 '황해도 감영이 알고 나라에서도 알게' 된다. 그러나 그는 상 대신 의심스럽게 보는 관의 눈초리를 느껴야 했고 감영의 형방은 그를 본격적으로 감시하기 시작한다. 나라는 선조 때부터의 당파싸움이 '동인 서인 하다가' 동인은 '남인 북인'으로 서인은 '노론 소론'으로 찢어지고 이는 다시 '탁남 청남에 대북 소북/ 이름도 흉측한 골북 육북에 줄북 훈서 청서가 있는가 하면 / 원당 낙당 산당 한당'으로 사분오열되고 있었다. 장조남은 희망을 잃는다. 그는 지난날의 아픔을 씻고 가족과 더불어 살고자 했으나 '앞날이 지극히 염려되어' 이 땅을 떠나기로 한다. 또 반복한다. 이것이 당시 조선왕조의 꼬락서니였다.

그러면 속전을 주거나 도망치거나 아니면 주인공이 구해내 고향으로 돌아간 여인들, 즉 '환향녀' 들은 어찌되었는가. 모두 '그간의 일 모르는 사람이 없거늘' 집 대문 앞에서 거절당했다. 무능한 조정도 이들을 외면했다. 갈 곳 없는 이들은 비구니가 되고, 첩실이 되고, 기생이 되고, 산채로 찾아들고, 주모가 되고 아니면 들보에 목매달았다. 마을이란 마을마다 '화냥년' 들의 치맛자락이 소나무 가지에 펄럭거렸다. 자식은 죽은 어미를 부르고 남정네는 죽은 여편네 안고 눈물을 뿌렸다. 이것이 당시 왕조의 모습이었다.

우리는 보았다. 피난처의 동굴 속에서도 마음놓고 웃는 백성들을. 그들 앞에는 일단 먹고 살 식량과 잘 곳이 앞에 있었다. 먹고 사는 데 빈부귀천은 없다. 반상의 계급도 없다. 캐캐묵은 성리학은 더구나 상관이 없다. 작가는 오직 '대의명분' 만을 위해 죽은 '용기 가상한 홍익한' 이나 '의로만 살펴간다는 김상헌' 에게 싸늘한 시선을 보낸다. 어찌 보면 그들은 나라고 백성이고 자신만의 명분을 위해 살고 죽은 이기주의자에 불과하다.

주인공 장조남은 홍길동이 지도자인 율도국으로 가족과 함께 배에 오른다. 그곳은 양반 상놈은 물론 적자 서자도 없는 곳이다. 그저 타고난 재주로 마음껏 사는 대동세상이다. 장편서사시 『화냥년』은 이렇게 대미大尾를 거둔다.

10

문학 읽기는 독서하는 '나'와 텍스트라는 '세계'가 서로 교호하며 상호작용을 하는 특별한 경험공간이다. 이 특별한 경험공간은 정서와 감응으로 세계를 수용하고 해석하는 장이기도 하다. 정서와 감응은 결국 '나'라는 주체가 사는 '삶'의 여러 조건에 기인되는 것이며 그것은 인간존재에 대한 이해와 사랑에서 비롯되는 것이다. 물론 문학은 언어로 이루어진 기호의 세계이지만 그 실체는 삶인 것이며 그 중심에는 인간이 있다.

『화냥년』의 중심에는 삶을 사는 인간이 있다. 여러 삶의 조건 속에서 그들이 만들어가는 서사는 바로 우리의 정서와 감응에 반응하여 공명한다. 소위 시대적 · 사회적 울림을 만들어 우리를 한 단계 더 높은 곳에서 '성찰'하게 하는 것이다. 안평옥이 알레고리의 세계로 보여주는 조선시대의 주인공은 우리에게 인간과 사물에 대한 긍정적 사랑을 전제로 하는 '자유정신'에 의한 '역동적 삶'을 창출할 것을 요구하고 있다. 화자는 우리가 소위 적이라 부르는 왜군과 청군에 대해 얄팍한 민족적 자긍으로 공격하는 말을 하는 법이 없다. 오히려 우리 내부에 반성적 성찰의 시선을 던질 뿐이다. 조선왕조는 외부의 침략에 나라를 빼앗긴 것이 아니라 내부적 조건에 의해 전쟁 한 번 못해보고 결국 일본에게 나라를 내주고 말았다. 작가는 삶의 주체인 인간에 대한 보편적 사랑을 요구하는 동시에 우리 자신의 치열한 내부적 성찰을 요구하고 있는 것이다. 그것이야말로 바로 주인공 장조남이 보여주는 '자유정신'에 의한 '역동적 삶'이 될 터이다.

나는 많은 작품을 해설했지만 이처럼 긴 글을 쓰기는 처음이다. 그리고 서사시에 대해 해설을 쓰는 것도 처음이다. 조금이라도 독자들의 이해를 돕기 위해 애써보았지만 아직도 시작하다가 그만둔 기분이다. 특히『화냥년』은 한국 서사시의 맥을 잇는 문학사적 의의가 큰 작품으로 자리매김될 것이다. 그래서 더 쓰다 만 글이 되는 느낌을 갖게 되는 것이다.

작가의 노고에 아낌없는 박수를 보낸다.

추 : 5부는 효종이 북벌계획을 추진할 때, 허생과 이완의 대화를 중심으로 이루어진 서사다. 작품의 에필로그에 해당되고 병자년의 주인공도 등장하지 않는다. 따라서 이 부분의 해설은 생략했다.

안평옥 長篇敍事詩

화냥년

초판인쇄 2013년 3월 27일
초판발행 2013년 4월 1일

저 자 안 평 옥
발행인 서 정 환

펴 낸 곳 도서출판 계간문예

출판등록 2005년 3월 9일 제300-2005-34호
주 소 서울시 종로구 익선동 30-6
운현신화타워 207호
E-mail qmyes@naver.com
전 화 ☎ 02) 3675-5633

값 15,000원

ISBN 978-89-6554-073-1 03810

이 도서의 국립중앙도서관 출판시도서목록(CIP)은 서지정보유통지원시스템 홈페이지(http://www.seoji.nl.go.kr)와 국가자료공동목록시스템(http://www.nl.go.kr/kolisnet)에서 이용하실 수 있습니다.
(CIP제어번호: CIP2013001703)